Dorothea's

NEUE Back-geheimnisse

Vehling Verlag

Berlin · Werl i.W. · Basel · Graz

Gesamtherstellung:
Vebu-Verlag GmbH., Berlin
Gestaltung, Schrift,
Illustrationen, Verse:
Dorothea Haselkamp

Der Inhalt im Überblick

I. Brot- und Kuchenköstlichkeiten für vielerlei Gelegenheiten

II. Beliebte Kuchenangebote das Jahr hindurch

III. Die einzelnen Teigarten Vom Grundrezept bis zum fertigen Backwerk

IV. Backtips von A bis Z

Hinweise:

Wenn nicht anders angegeben, sind die Mengen für Backformen von 26 cm Durchmesser berechnet.
Alkohol, der vor dem Backen zum Teig gegeben wird, geht beim Backen in den gasförmigen Zustand über und lockert das Gebäck, besitzt aber keine alkoholische Wirkung mehr.

Vorwort

Was soll ich backen?

Alles zu seiner Zeit.
Alltag und Feiertag, Vollkornbrot und Kuchen – Gegensätze, die sich sinnvoll ergänzen. Der Alltag mit gesundem Vollkornbrot und Hausmannskost gehört ebenso zum Leben wie die Entspannung am Sonntag bei einem Stück Kuchen.
Selbstgebackenes ist etwas Besonderes. Freude am Backen und das Vergnügen, seine Familie und seine Gäste damit zu verwöhnen, sind wohltuend und lohnend. Hier bewahrheitet sich eine alte Volksweisheit:
"Einem anderen eine Freude zu machen, kann so viel Vergnügen bedeuten, daß man ihm dafür danken möchte."

Bei der Auswahl und beim Ausprobieren meiner Rezepte habe ich mich von dem Grundsatz leiten lassen:
„Am bewährten Alten in Treue halten,
am guten Neuen sich stets erfreuen."

So finden Sie in diesem Buch sowohl klassische und traditionelle als auch neue und moderne Rezepte.
Das Jahr hindurch habe ich die Kuchenköstlichkeiten nach Anlässen und nach beliebten Kuchenangeboten gegliedert.
Da sich bei dieser Einteilung die einzelnen Gebäckarten überschneiden, werden in einem besonderen Kapitel die Grundrezepte ausführlich dargestellt. So brauchen die Ausführungen über die Teigarten nur einmal erfolgen. Das ist einfacher, übersichtlicher, verstärkt den Bezug zu den Grundrezepten und läßt damit Raum für ungezählte Variationsmöglichkeiten.
Zum Schluß finden Sie noch Tips und Tricks rund ums Backen. Diese Ausführungen dürften besonders für den noch nicht so erfahrenen Hobbybäcker von Interesse sein.

Und nun wünsche ich Ihnen beim Backen fröhliches Anfangen, gutes Gelingen, Backvergnügen wie noch nie und reichlich Anerkennung.

Dorothea Haselkamp

Glücklich ist einer,

der dankbar ist für die
frischen Brötchen am Morgen,
für die Sonnenstrahlen
am Mittag,
für die Sterne am Abendhimmel –
für alles, was andere so
selbstverständlich finden . . .
(Balling)

I. Kapitel

Brot- und Kuchenköstlichkeiten für vielerlei Gelegenheiten ...

Unser tägliches Brot . . .

Aus dem glühend heißen Ofen
Wird das Brot herausgezogen.
„Ruff! Man zieht es aus der Glut,
Denn nun ist es braun und gut." W. Busch
Dampfend, knusprig stand es da –
Ein kernig duftend Brot fürwahr!
Bald wird das gute Brot verzehrt.
Nicht jedem ist bewußt sein Wert.
Überfluß und Wohlstandsdenken
Manches Mal die Sinne lenken,

Hasten, Jagen, Leistungsstreben,
Werden oft zum Sinn des Lebens.
Wer kennt noch jene große Not?!
Man bettelte um ein Stück Brot.
Längst ist die Hungerszeit vorbei.
Brotsorten gibt es vielerlei ...
Wer täglich sie mit Dank verzehrt,
Dem ist bewußt des Brotes Wert.

D. Haselk.

Weizenvollkornbrot

Verarbeitung mit der Küchenmaschine:
1250 g Weizenvollkornmehl
800 ml warmes Wasser
25 g Salz, 100 g Hefe.

Die Hefe zum lauwarmen Wasser geben, Salz mit dem Mehl mischen. Alle Zutaten ½ Stunde mit der Küchenmaschine kneten lassen. Den fertigen Teig in eine vorbereitete Kastenform geben und mit einem feuchten, warmen Tuch abdecken. ½ Std. aufgehen lassen und im vorgeheizten Ofen abbacken.
Backzeit: ½ Stunde bei 250°, eine weitere ½ Std. bei 200° C.

Abänderungen:

1000 g Weizenvollkornmehl, 250 g Roggenmehl
1000 g " 250 g Weizenauszugsmehl
1150 g " 100 g Sonnenblumenkerne

Vollkornbrot – halb und halb

250 g Weizenvollkornmehl
250 g Roggenmehl Typ 815 oder 1150
1 P Frischhefe
1 El Öl
3 El Sonnenblumenkerne
1 Tl Salz
Ca 300-350 ml Flüssigkeit

siehe Zubereitung des Hefeteiges Seite 364.

Abänderung:
Vor dem Verkneten 35g grünen Pfeffer zugeben. Das Brot wird durch den grünen Pfeffer sehr würzig.

Körnerbrot

500 g Mehl
30 g Hefe, 1 Tl Zucker
1/2 Tl Salz, etwa 1/4 l warme Milch
50 g Haferflocken
2 El Sonnenblumenkerne
2 El Sesamkörner.

Die Zutaten zu einem Hefeteig verarbeiten. Zubereitung siehe Seite 364.
Soll das Brot größer werden, kann die Zutatenmenge verdoppelt werden. Aus dem Teig lassen sich auch Brötchen herstellen.
Backzeit: 45-60 Min. bei 200°C.

Abänderung:
Weizenmehl Typ 550, oder 250 g Weizenmehl (Typ 550) und 250 g Roggenmehl (Typ 1150) einsetzen.

Möhrenbrot

400 g Möhren grob raffeln.
40 g Butter erhitzen, Möhren dann mit
etwas Wasser, Zucker, Salz und
1 EL Zitronensaft dünsten u. erkalten lassen.

600 g Mehl in eine Schüssel geben, Vertiefung eindrücken.
40 g Hefe mit etwas Milch und
1/2 TL Zucker verrühren, in die Mulde geben, aufgehen lassen. Danach mit
1/4 l Milch verarbeiten, bis der Teig Blasen wirft. Die Möhren und ca.
100 g Mehl zugeben, zu einem glatten Teig verkneten, nochmals aufgehen lassen.
Den Teig wieder durchkneten, zum Brot formen, auf ein Backblech legen, aufgehen lassen.
50 - 60 Min. bei 200° C backen.

Kräuterbrot

600g Weizenvollkornmehl,
je nach Belieben Fein- oder Grobschrot
1/8 l Milch, 1/8 l Wasser
35g Hefe - siehe Zubereitung Hefeteig 364.
Bevor der Hefeteig verknetet wird, gibt man folgende Zutaten hinzu:
50g Butter, 1 Ei, 1 Tl Salz
1 gehackte Zwiebel, 3 El Kräuter (Schnittlauch, Petersilie, Dill).
200g Quark. Aus dem fertigen Teig können auch Brötchen geformt werden.

Hinweise:

Den Teig intensiv verarbeiten! Hiervon hängt die Qualität des Brotes ab. Während des Aufgehens steift der Teig nach, so daß man meistens mit der angegebenen Mehlmenge auskommt. Vor dem Abbacken mit Milch bestreichen u. mit Körnern bestreuen. Ca. 50 Min. bei 200 °C backen.

Hafer - Kräuter - Brot

600 g	Mehl (Typ 550) und
250 g	kernige Haferflocken in eine Schüssel geben, in die Mitte eine Vertiefung drücken,
50 g	Hefe darin verkrümeln
1 Tl	Zucker und etwas Milch zugeben und aufgehen lassen. Danach ca.
3/8 l	warme Milch, etwas Salz
200 g	gehackte Kräuter (Schnittlauch, Petersilie, Dill) zufügen. Den Teig so lange schlagen, bis er glänzt und Blasen wirft. Mit etwa
100 g	Mehl verkneten, den Teig zugedeckt gehen lassen, bis sich das Volumen verdoppelt hat. Danach den Brotlaib formen, auf ein Backblech legen, etwas gehen lassen, mit gezuckerter Milch bestreichen. Etwa 50 Min. bei 210° backen.

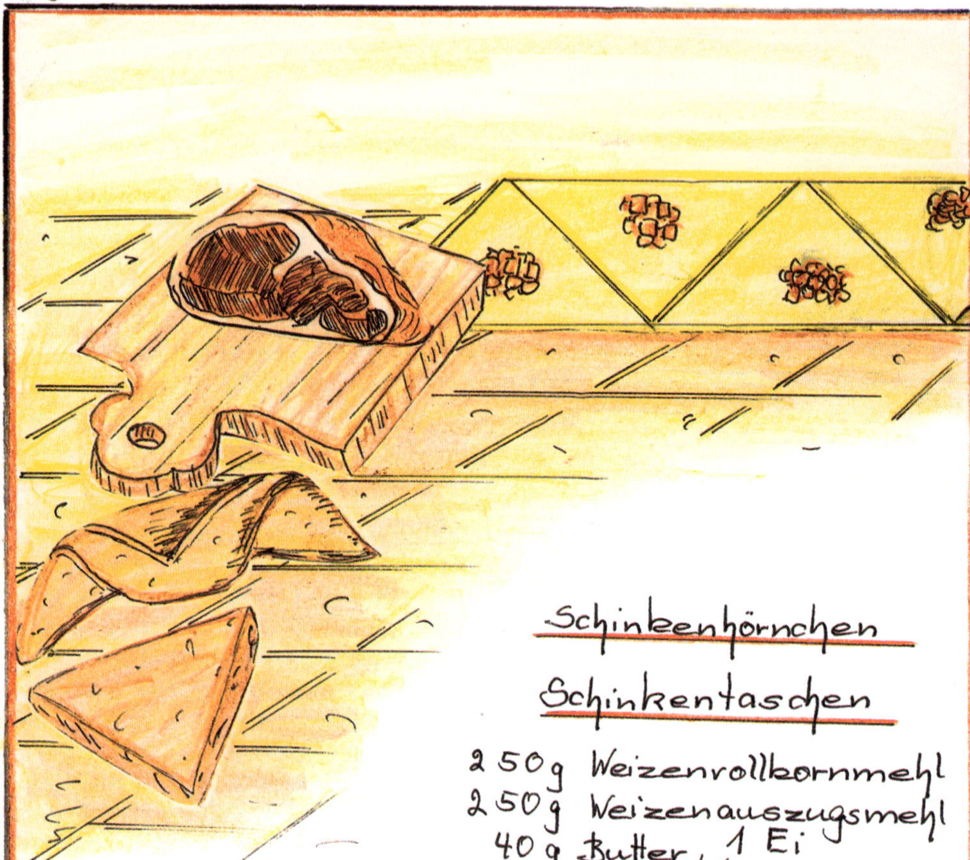

Schinkenhörnchen

Schinkentaschen

250 g Weizenvollkornmehl
250 g Weizenauszugsmehl
40 g Butter, 1 Ei
40 g Hefe, 1/4 l Milch

Zubereitung:
Siehe Hefeteigzubereitung Seite 364.
Es können auch Brötchen daraus geformt werden.

Für die Füllung:
250 g feingewürfelten Schinken mit
100 g Kräuterschmierkäse mischen.
Den Hefeteig nach dem Aufgehen durchkneten und etwa 3 mm dick ausrollen.

Schinkenhörnchen:
Dreiecke schneiden, Höhe 16 cm, Breite 10 cm, Füllung auf die Mitte geben. Von der Breitseite aus aufrollen.
Taschen: Quadrate von 10 x 10 cm schneiden, füllen u. zum Dreieck umschlagen. Mit Ei bestreichen. 20 Min. bei 210°C backen.

Leinsamenbrötchen

50g Leinsamen in 1/8l Wasser einweichen, 15-20 Minuten quellen lassen.

600g Weizenvollkornmehl, 125ml Milch
125ml Wasser, 50g Hefe, 1 Tl Salz
100g Magerquark, 50g Leinsamen.

Zubereitung: siehe Seite 364.

Aus dem Teig Brötchen formen, mit lauwarmer Milch bestreichen und aufgehen lassen.

Gewürzbrötchen

Aus 500g Mehl - weitere Zutaten siehe S. 363. -Hefemenge auf etwa 40 - 50g erhöhen. Außerdem 100g Speckwürfel, 1 gestr. El Kümmel, 100g Zwiebelwürfel zugeben. Die Zutaten miteinander verkneten.

Brötchen formen, mit einem Messer oder der Küchenschere einkerben, mit saurer Sahne bestreichen, aufgehen lassen.

Leinsamen- u. Gewürzbrötchen im vorgeh. Backofen ca. 20 Min. bei 220° abbacken.

Milch- und Rosinenbrötchen

500g Mehl, ca. 30g Hefe
1/8 – 1/4 l Milch, 1 Pr. Salz
50g Zucker, 70g Fett
Für Rosinenbrötchen zusätzlich
100g Rasinen
1 Ei zum Bestreichen.

Aus den Zutaten einen Hefeteig herstellen.
Siehe Seite 360 - 362.

Der fertige Teig wird zu einer Rolle geformt und in ca 2 - 3 cm breite Scheiben geschnitten. Die Scheiben rollt man zu Kugeln und setzt sie auf ein vorbereitetes Backblech. Man bestreicht sie mit verquirltem Ei und läßt sie aufgehen.
Im vorgeh. Backofen ca. 15 Min. bei 200 - 220 °C abbacken.

Mandelbrötchen – Palermo – Brötchen

Rosinenbrötchen zubereiten.
Nach 10 Minuten Backzeit mit folgender Masse bestreichen:

50 g Marzipanrohmasse zuerst mit der Gabel zerdrücken, danach mit einem
Ei verschlagen.

Nach dem Bestreichen werden die Brötchen mit
Mandelblättchen bestreut.
Backzeit:
Im vorgeheizten Backofen ca. 10 Min. bei 220° backen, danach ca. 5 Min. bei 200°C.
Nach dem Backen die Brötchen mit Puderzucker übersieben.

Streuselbrötchen - gefüllte

Milchbrötchen zubereiten.
Siehe Seite 20.

Man legt die geformten Brötchen auf ein vorbereitetes Backblech und drückt sie mit der Handfläche etwas flach. Danach bestreicht man sie mit einem verquirlten Ei, überstreut sie mit Streuseln und drückt diese leicht an.
Nach dem Aufgehen backt man sie etwa 15-20 Min. bei 200-220° C ab.
Die Brötchen werden nach dem Backen aufgeschnitten und mit warmer Vanillecreme gefüllt. Für die Streuseln werden 150 g Mehl, 50 g Mandelblättchen u. 150 g Zucker vermischt. Dann fügt man 150 g zerlassene, abgekühlte Butter hinzu - mit bemehlten Händen verkrümeln.

Hefegebäck

Hetegebäck:

Laudatio

Ob Werktag oder Feiertag,
Gebäck aus leichtem Hefeteig
Ist für jeden – das ist klar –
Für Eltern, für die Kinderschar
Eine rustikale Köstlichkeit,
Die jeder auch zu schätzen weiß.
Mal mit Obst und feinem Guß
Ist Hefekuchen ein Genuß,
Brötchen frisch mit Mandelkern
Essen nicht nur Kinder gern.
Streuselkuchen, Buchteln, Schnecken,
Kranz und Zopf läßt man sich schmecken.
Vielfältig ist das Teigprogramm –
Pikantes gibt es dann und wann –
Vereint mit Zwiebeln, Wurst und Speck
Zum heißgeliebten „Pizzgebäck".
Grad, wie man's für richtig hält
Wird danach ein Plan erstellt.
Beim Mahle wird ganz kurz entschlossen
Alles bis zum Rest genossen....

Butterkuchen

1 Rezept „Mittelschwerer Hefeteig" siehe Seite 359

Der Hefeteig wird mit einer abgeriebenen Zitronenschale und dem Saft
½ Zitrone durchgeknetet. Danach wird er ausgerollt und auf ein gefettetes Blech gelegt. Den Teig aufgehen lassen und danach mit einer Gabel an mehreren Stellen einstechen.

125 g Butter werden in Form von Butterflöckchen auf der Hefeplatte verteilt. Dann
100 g Zucker mit
125 g gehobelte Mandeln und ½ TL Zimt mischen und ebenfalls auf den Hefeteig streuen.

Bei 200°C läßt man ihn ca. 20 - 25 Minuten backen.

Sollte die Teigmenge zu reichlich sein, formt man von dem Rest Hefeteilchen.

Streuselkuchen

1 Rezept „Mittelschwerer Hefeteig" seit 359.

Streusel

150 - 200 g Mehl mit ½ Tl Zimt und
150 g Zucker mischen.
150 g Butter zerlassen, abgekühlt langsam zugeben, zwischen bemehlten Händen verkrümeln.

Der Hefeteig kann zusätzlich mit 125 g Rosinen verknetet werden. Die Teigplatte auf dem Backblech aufgehen lassen, danach mit warmer Milch oder zerlassener Butter bestreichen und mit der Streuselmasse belegen.
Nach dem der Teig wieder aufgegangen ist, wird er bei ca. 200°C 20 - 30 Min. gebacken.
Vom überschüssigen Teig Teilchen herstellen.

Der Streusel kann auch mit grobgehackten Mandeln oder Zwiebackbröseln vermischt werden.

Bienenstich

Grundrezept „Mittelschwerer Hefeteig" S. 359.
Etwa 4/5 des Teiges reicht für ein Kuchenblech.

Auflage:

100 g Honig mit
175 g Butter und
175 g Zucker langsam erwärmen, mit
200 g gehackten Mandeln oder Nußkernen o. mit Kokosraspeln verrühren.

Den fertigen Hefeteig ausrollen, auf ein Backblech legen, die Bienenstichmasse darauf verteilen und mit einer Gabel mehrmals einstechen. Aufgehen lassen.
Bei ca. 200 °C etwa 20-30 Min. backen.

Der Kuchen kann nach dem Erkalten durchgeteilt und mit Creme gefüllt werden
Für eine Platte rechnet man 3/4-1 l Creme.

Hefekuchen mit Fruchtmus

Grundrezept „Mittelschwerer Hefeteig" (S 359.)
außerdem
Fruchtmus von 1 1/2 - 2 Kg Früchten
Eigelb und Zucker.

3/4 des Hefeteiges auf der Backplatte 1 cm dick ausrollen. Den Teig aufgehen lassen und ihn mit Apfel- oder Pflaumenmus bestreichen. Den restlichen Teig ausrollen, mit dem Kuchenrädchen in Streifen teilen und den Kuchen mit einem Teiggitter belegen.
Die Teigstreifen werden mit Eigelb bestrichen und mit Zucker bestreut. Der Kuchen muß nochmals aufgehen. Er wird bei 200°C ca. 20-30 Min. gebacken.
Statt des Teiggitters kann man auch eine Teigdecke auf das Fruchtmus legen.

Hefekuchen

mit Äpfeln und Streuseln

Grundrezept „Mittelschwerer Hefeteig" Seite 359.
außerdem
Streusel - siehe Streuselkuchen Seite 26.

Hefeteig 1cm dick ausrollen und auf ein Backblech legen, leicht aufgehen lassen.

1 ½ Kg mürbe Äpfel, geschält und in Scheibchen geschnitten, auf die Hefeplatte legen.
50 g gehackte Mandeln
50 g gequollene Rasinen oder Korinthen
50 g Zucker und die Streusel darüber geben.

Den Kuchen bei ca. 200° C 20-30 Min. backen.

Hefekuchen mit Pflaumen

Grundrezept „Mittelschwerer Hefeteig" S.359.
außerdem
1 1/2 - 2 Kg Zwetschen
100g Zucker

Den Hefeteig 1 cm dick ausrollen und auf ein Backblech legen, mit flüssiger Butter bestreichen und etwas aufgehen lassen.
Die Pflaumen werden entsteint und die Hälften noch einmal wieder eingeschnitten.
Jede Pflaumenreihe muß die vorherige zum Teil überdecken.
Bei 200°C 30 Minuten backen. Sofort nach dem Backen wird der Kuchen dick mit Zucker bestreut oder mit einem Zuckerguß überzogen.

Hefekuchen
mit Äpfeln und Käse

Grundrezept „Schwerer Hefeteig" Seite 359.

Den fertigen Teig 1cm dick ausrollen, auf ein Backblech legen und aufgehen lassen.

Für die Auflage:

50 g Butter, 50 g Zucker und
200 g Quark schaumig rühren
1 Ei, 1 P. Vanillezucker
1 P. Vanille-Puddingpulver u. die abgeriebene Schale
1 Zitrone zugeben u. verrühren, auf den Teig streichen.
1 1/2 kg geschälte u. in Scheiben geschn. Äpfel auf die Quarkmasse verteilen. 45 Min. bei 200°C backen. Danach aprikotieren u. mit 100 g gerösteten Mandeln bestreuen.

Aprikosen-Apfelkuchen mit Quarkguß

Grundrezept: „Schwerer Hefeteig" seite 359.
Etwa 4/5 des Teiges reicht für ein Kuchenblech.
Den fertigen Hefeteig ausrollen und auf ein vorbereitetes Backblech legen.
Mit flüssiger Butter überpinseln, aufgehen lassen.

1 große Dose Aprikosen auf ein Sieb schütten, Früchte kleinschneiden. Den Fruchtsaft auf
½ l mit Wasser auffüllen, mit Zitronensaft und Zucker abschmecken, mit
2 Tütchen Tortenguß oder Speisestärke binden.
500-700 g Äpfel schälen, sehr dünn scheibeln. Obst gleichmäßig auf den Hefeteig verteilen, mit dem Guß abdecken.

Quarkguß: 150 g Butter, 1 P. Vanillez., 200 g Zucker schaumig rühren, 1 P. Puddingpulver, 500 g Quark u. 3 Eier zufügen – verrühren. In Streifen diagonal auf die Früchte spritzen. Streusel (S. 26) darauf verteilen. Backzeit: 30-35 Min. bei gut 200°C.

Kirsch-Creme-Kuchen

Grundrezept: „Schwerer Hefeteig" Seite 359.
Etwa 4/5 des Teiges reicht für ein Kuchenblech.
Von 3/4 l Milch eine Vanillecreme herstellen.

2 Glas Sauerkirschen mit Speisestärke oder Tortenguß abbinden. Creme und Fruchtbrei leicht abkühlen lassen.
Streusel herstellen – siehe Seite 26.

Den fertigen Hefeteig ausrollen, auf das vorbereitete Backblech legen und aufgehen lassen.
Die Vanillecreme diagonal, in Abständen von 4 cm auf den Hefeteig spritzen oder mit einem Löffel auflegen.
Die Zwischenräume mit dem Kirschbrei füllen.
Streusel darauf verteilen.
Backzeit: Ca. 30–35 Minuten bei 200° C.

Napfkuchen

Grundrezept: „Mittelschwerer Hefeteig" Seite 359.

Der aufgegangene Hefeteig wird etwa 3/4 cm dick zu einem Rechteck ausgerollt. Danach wird der Teig mit Marzipan bepinselt (Siehe hierzu „Schlemmerfüllung" Seite 47.) Die übrigen Zutaten der Füllung werden auf den Teig gestreut. Dieser wird aufgerollt und die Rolle der Länge nach durchgeschnitten. Die beiden Teile werden lose umeinander geschlungen und in eine gefettete Kranzform gelegt. Mit einem Tuch abdecken und aufgehen lassen. Im vorgeheizten Backofen ca. 40 Min. bei 200° - 220°C backen. Nach dem Backen mit Zuckerglasur überziehen.

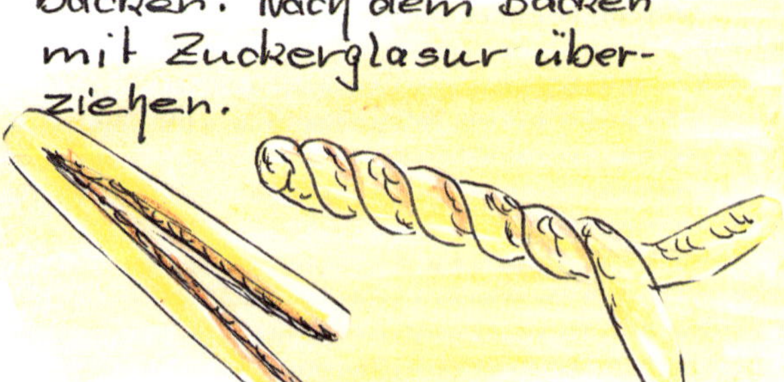

Früchtefladen

Rezept: S. 359 oder 386.
Mittelschwerer Hefeteig
oder Plunderteig,
außerdem: Streusel u.
Obst- und Quarkfüllung

Hefeteig ca. 1 cm dick ausrollen. Teigplatten von 26 cm ⌀ daraus schneiden und jeweils den Boden einer gleichgroßen Springform mit dem Teig belegen. Aufgehen lassen, danach eine Obst- und Quarkfüllung im Wechsel kreisrund auftragen. 50 g Streusel aufstreuen. Etwa 15 Min. bei 210 °C backen. Nach dem Backen aprikotieren und Fäden von Zuckerguß darüber laufen lassen.

Gefüllte Buchtelringe

Von dem fertigen Hefeteig 6 gleichmäßig große runde Brötchen formen. und in gleichmäßigen Abständen in eine vorbereitete Kranzform legen. Ist der Hefeteig sichtbar aufgegangen, wird mit Hilfe einer Spritztülle eine Füllung in die Mitte der Teigkugeln gespritzt. Oder man drückt ½ Aprikose in den Teig u. deckt mit Aprikosenmarmelade ab.
Backzeit: Ca. 15 Min bei 220 °C. Nach dem Backen aprikotieren u. mit Zuckerguß überziehen. Geeignete Füllungen: Obst und Quarkfüllung.

Gefüllte Hefezöpfe

1. Der geflochtene Zopf

Grundrezept: „Mittelschwerer Hefeteig" Seite 359.
Der ausgerollte Hefeteig wird in drei etwa 8cm breite Streifen geschnitten. Die Teigstreifen werden mit flüssiger Butter bepinselt, mit Rosinen und gehackten Mandeln bestreut oder mit Marmelade gefüllt, aufgerollt und zu einem Zopf zusammengeflochten. Nach dem Backen wird der Zopf mit einem Zuckerguß überzogen.

2. Der übereinandergeschlagene Zopf

Der Hefeteig wird zu einem Rechteck von 50x 40 cm ausgerollt, in 3 Felder aufgeteilt und mit zerlassener Butter bepinselt. Die makierte Mitte wird mit einer Füllung, siehe Seite 47-49, belegt, die Seiten diagonal eingeschnitten und die Teigstreifen von beiden Seiten im Wechsel übereinandergeklappt.

Backzeit: 35 Minuten bei 200C. Mit Zuckerguß überziehen.

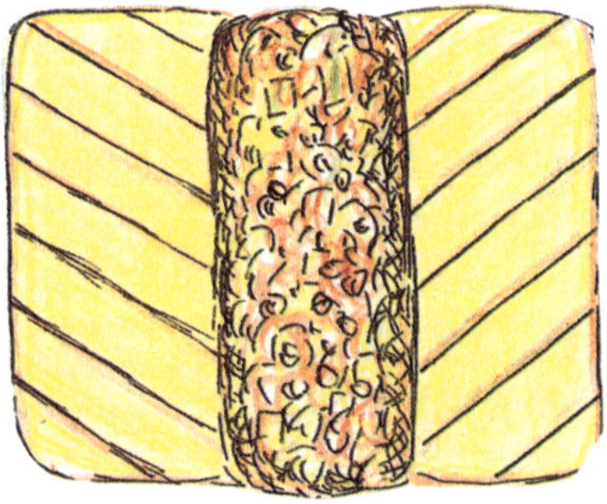

Rosen- oder Schneckenkuchen

Rezept: „Mittelschwerer Hefeteig" Seite 359.
oder „Plunderteig" Seite
Füllung nach Wahl – siehe Seite 47/48.
Der fertige Hefeteig wird zu einer dünnen, rechteckigen Platte ausgerollt und mit Marzipan-Butter oder flüssiger Butter bepinselt.
Die Füllung wird aufgetragen und der Teig von der Längsseite aus, aufgerollt.
Von der Rolle werden 3-4 cm breite Scheiben abgeschnitten und mit den Schnittseiten auf den Boden einer vorbereiteten Springform gelegt und etwas in Form gezogen.
Die Teigscheiben nicht zu nah aneinander setzen, denn der Teig geht noch auf und backt zusammen. Aufgehen lassen! Ca. 40 Min. bei 200°C abbacken. Den fertigen Kuchen mit einem Zuckerguß überziehen.

Tip: Hefegebäck läßt sich gut einfrieren!

Hefeteigkleingebäck . . .

Grundrezept: „Mittelschwerer Hefeteig" seite 359.
Außerdem: „Füllung je nach Belieben 46-49.

Den fertigen Hefeteig 1/2 cm dick ausrollen und die gewünschten Formen ausschneiden.

- Hefetaschen und übereinandergeklappte Quadrate lassen sich gut mit Pflaumenmus, Marmelade, Apfelmus oder Vanillecreme füllen.
- Bei anderem Kleingebäck kann das ausgerädelte Formstück mit einem Gemisch aus 200 g Marzipan u. 1 ganzes Ei bestrichen werden, darüber die Füllung geben und formen.

Die geformten Teile auf dem Backblech aufgehen lassen.
Bei starker Hitze, etwa 210 - 220 °C, ca. 10 - 15 Minuten abbacken. Nach dem Backen mit Glasur überziehen.

Formen für Gebäckteilchen

Obstquadrat

Quadrate von 10 X 10 cm werden in der Mitte mit einer Aprikosenhälfte belegt. Nach dem Backen aprikotieren und mit einer Zitronenglasur überziehen.

Taschen

Quadrate von 10 X 10 cm oder runde Plätzchen von 10 cm Durchmesser ausrädeln oder -schneiden. Füllung auf die Teigmitte legen. Ränder mit verschlagenem Ei bepinseln. Eine Teighälfte über die andere klappen.

Kaiserkragen oder Kamm

Den Teig mit Hilfe eines Lineals in 10 X 12 cm große Teigstücke einteilen, ausrädeln, füllen, umschlagen, einschneiden und zu einer Kragenform umbiegen.

Windmühle

Quadrate von 10 x 10 cm schneiden, Füllung auf die Mitte legen, die Ecken fast bis zur Mitte einschneiden und nacheinander umlegen. Bevor die neue umgelegt wird, müssen die Berührungspunkte angefeuchtet werden.

Früchtekörbchen

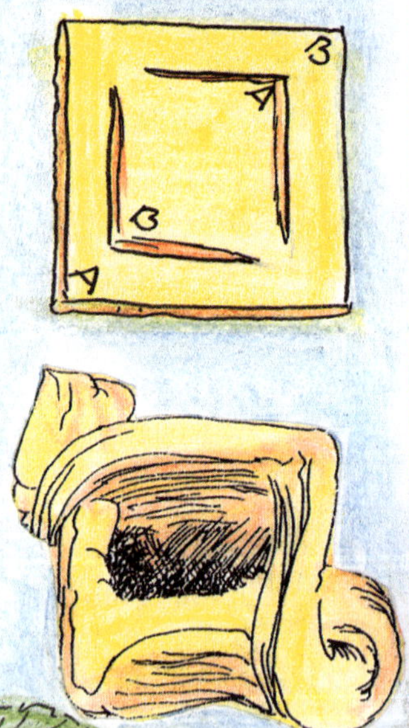

Quadrate von 10 X 10 cm mit dem Messer lt. Abbildung einschneiden. Die Teigstücke anfeuchten und die Ränder überklappen, so daß das äußere A auf das innere A und das äußere B auf das innere B gebracht wird.
Nach dem Backen wird das Körbchen mit Obst gefüllt und mit Tortenguß überzogen. Die Ränder werden mit Zuckerguß bepinselt.

Früchtekissen

Quadrate von 12 X 12 cm ausschneiden. Die Teigstücke u. Zeichnung mit dem Messer einschneiden, dann die äußeren vier Ecken zur Mitte biegen und etwas andrücken, Obst auf die Mitte setzen. Die Teilchen auf dem Backblech aufgehen lassen. Nach dem Backen aprikotieren und mit einem leichten Zuckerguß überziehen.

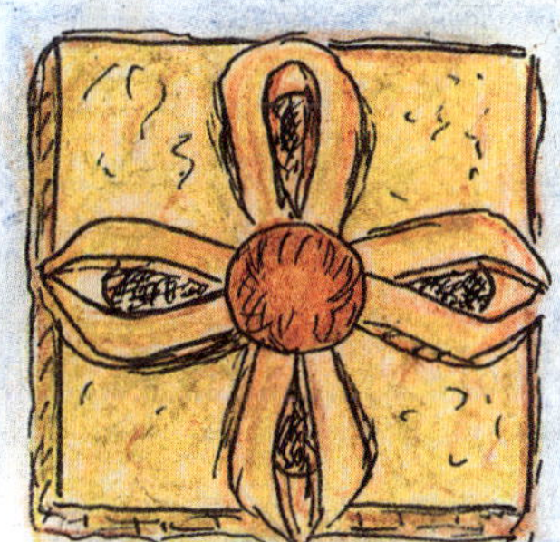

Variationen aus Dreiecken

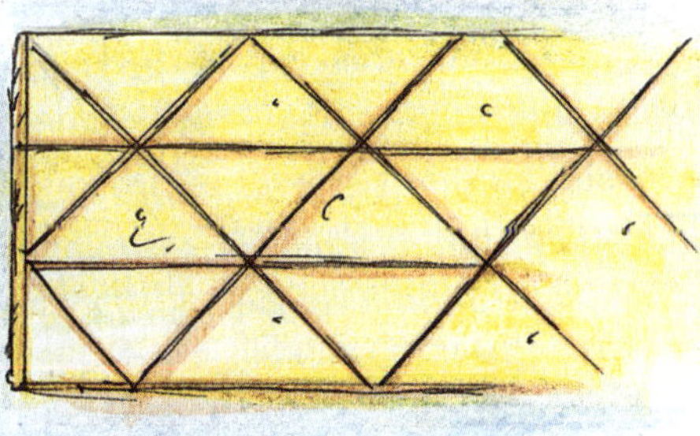

Aus einem Teigstück werden mit Hilfe eines Lineals gleichmäßige Dreiecke geschnitten – Höhe der Dreiecke 16 cm, Breitseite 10 cm.

Hörnchen

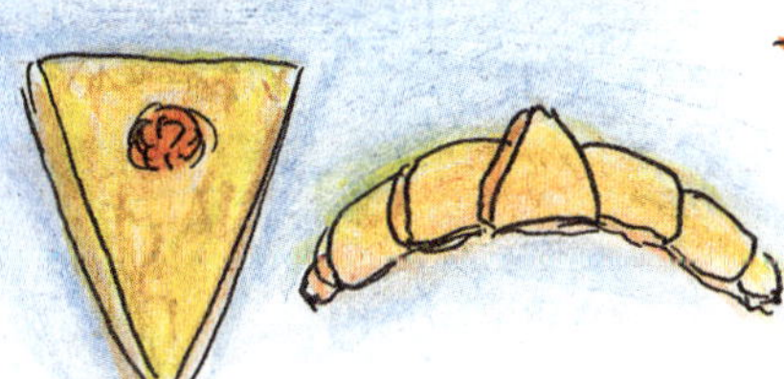

Die Dreiecke werden mit einem Marzipan-Ei-Gemisch bestrichen.

Die Füllung wird auf die Breitseite gelegt und dann bis zur Spitze hin aufgerollt. Nach dem Backen aprikotieren und mit einem Zuckerguß überzogen.

Bei dieser Form werden die beiden Ecken der Breitseite zur Mitte gebogen, mit etwas Füllung belegt und die spitze Ecke darübergeklappt. Nach dem Backen mit einem Zuckerguß überziehen.

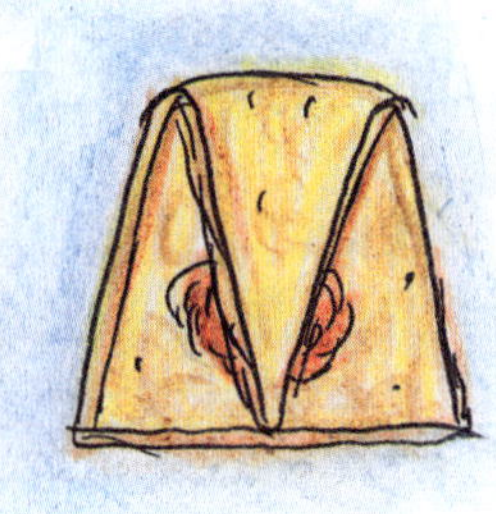

Das geformte Teigstück mit Marzipan-Ei-Gemisch bestreichen, etwas Füllung auflegen und die Dreieckspitze über die Füllung ziehen. Andrücken. Nach dem Backen aprikotieren und mit einem Zuckerguß überziehen.

Variante:

Auf das Aprikotieren nach dem Backen kann verzichtet werden, wenn die Teilchen vor dem Backen mit Ei bestrichen und mit Streuseln bestreut werden.

Hefestriezel

Grundrezept: Mittelschwerer Hefeteig" s.359.
Außerdem: Seite 47
Apfel-Rosinenfüllung oder Schlemmerfüllung.
Der fertige Hefeteig wird zu einer dünnen rechteckigen Platte ausgerollt, mit Marzipan-Butter, ersatzweise mit flüssiger Butter, bepinselt. Die übrigen Zutaten werden vermischt auf den Teig gestreut, der Teig von der Längsseite her aufgerollt, die Rolle in zwei Teile geschnitten und auf ein vorbereitetes Backblech gelegt. Danach schneidet man die beiden Rollen mit einem scharfen Messer bis zu Mitte auf. Da sie beim Backen sehr stark auseinanderklappen, dürfen sie nicht zu nah nebeneinander gelegt werden.

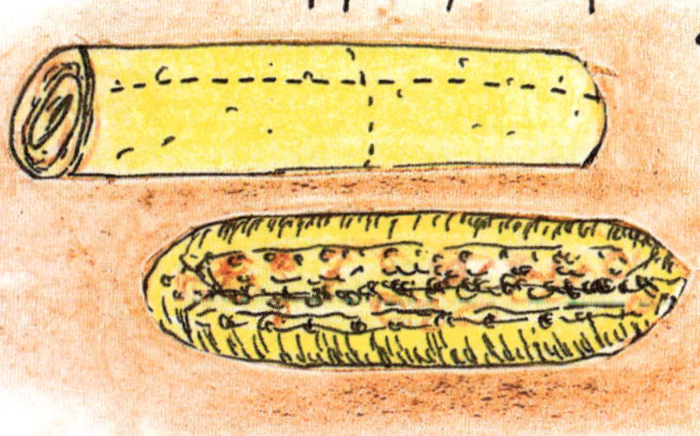

Aufgehen lassen.
Backzeit: Ca. 25 Min. bei 210°. Nach dem Backen mit einem Zitronen-Zuckerguß überziehen.

Hefeschnecken

Die gefüllte Heferolle, siehe Hefestriezel S. 43, wird in 1cm dicke Scheiben geschnitten und auf ein vorbereitetes Backblech gelegt. Auf dem Blech werden sie etwas auseinandergezogen und in Form gebracht. Mit einem Tuch abdecken und aufgehen lassen.

Hefeteigkleingebäck wird bei starker Hitze ca. 210-220° etwa 16 Min. gebacken.

Nach dem Backen werden die Schnecken mit Zuckerglasur überzogen oder mit flüssiger Butter bepinselt und in Zucker gewendet.

Croissants oder Plunderhörnchen

500 g Mehl, 30 g Hefe
1/4 l lauwarme Milch, 50 g Butter
1 Ei, 1/2 Tl Salz
Zum Einschlagen: 200 g Butter u. 50 g Mehl.

Aus den Zutaten nach dem Grundrezept für Hefeteig (Seite 360-362) einen Hefeteig bereiten, kühl aufgehen lassen. Bereitung des Plunderteigs siehe Seite 386.
Den fertigen Plunderteig zu einer Platte von 40 x 25 cm ausrollen, Dreiecke ausschneiden - 2 Seiten von 25 cm Länge und 1 Seite von 10 cm Länge. Von der Schmalseite her zu Hörnchen aufrollen. Mit genügend Abstand auf das Backblech legen. Mit einem Eigelb - Wasser - Gemisch bestreichen
Backzeit: 15-20 Min. bei ca 210-220°C.

Kuchenfüllungen

Hefekränze, Hefezöpfe Schnecken, Rosenkuchen und Hefeteilchen können verschiedene Füllungen erhalten.
Wählen Sie!

Marmeladenfüllung

Pflaumen- und Aprikosenmus, Marmelade und Konfitüre Ihrer Wahl.

Nußfüllung

200 g	gemahlene Nüsse oder Mandeln
1/2	Becher saure Sahne
2 El	Zucker, 2 El Zitronensaft, mischen.

Apfel-Rosinen-Füllung

100 g Rosinen
40 g Mandeln
40 g Zitronat
500 g geschälte, in kleine Würfel geschnittene Äpfel
5 El saure Sahne, Zimt
3 El Zucker – mischen.

Mohnfüllung

200-250 g Mohn mit
1/2 l kochendem Wasser übrühen, nach 5 Min. wieder abschütten.
100 g Sahne
2 El Honig, Vanillezucker
1 Pr Salz – mischen

Marzipanfüllung

200 g Marzipanrohmasse mit
4 El Wasser verrühren.
150 g gem. Mandeln, 4 El Rum
2 El Zitronensaft
4 El Puderz. – mischen.

Schlemmerfüllung

200 g Marzipan mit
30 g warmer Butter glattrühren, den ausgerollten Hefeteig damit bestreichen.
60 g Zucker, 150 g geh. Mandeln
150-200 g Rosinen, 50 g Zitronat, Zimt – mischen. Glasur: 100 g Puderzucker.

Quarkfüllung

75g Butter, 75g Zucker
200g Quark, 1 Ei
1 P Vanillezucker
1El Speisestärke
2El Zitronensaft
Alle Zutaten mischen.

Apfelfüllung

500g Äpfel schälen, würfeln in
1/4l Wein und
1-2El Zucker dünsten, mit
1El Speisestärke oder mit Tortenguß abbinden.

Sauerkirschfüllung

1 Glas Sauerkirschen abtropfen lassen.
1/4l Saft mit etwas Zucker zum Kochen bringen.
Mit Speissestärke oder Tortenguß abbinden.

Aprikosen- oder Pfirsichfüllung

Zubereitung wie bei den Sauerkirschen.

Creme-Füllungen

Grundcreme

3/4 l Milch mit
60 g Zucker zum Kochen bringen.
100 g Vannillepuddingpulver mit
2 Eigelb und etwas Milch anrühren, in die kochende Milch einrühren und aufkochen lassen. In eine Schüssel füllen und während des Abkühlens gelegentlich umrühren.

Für Bienenstich kann die Grundcreme erweitert werden:

a) Buttercreme

250 g Butter und 1 Päckchen Vanillezucker schaumig rühren. Die noch leicht temperierte Creme löffelweise mit dem Schneebesen unter die Butter schlagen. Siehe Seite 143–145.

b) Creme mit Schlagsahne

250 g Sahne fast steif schlagen, je
1 P. Vanillezucker und Sahnesteif mischen, zur Sahne geben und unter die Creme schlagen.

Da der Quark-Ölteig zu den gleichen Gebäckstücken wie der Hefeteig verarbeitet werden kann, wird auf die Weiterverarbeitung des Teiges zum fertigen Gebäck nicht weiter eingegangen.

Grundmengen und Zubereitung

200 g	Magerquark gut auspressen
8 El	Öl
8 El	Milch und
1	Ei zufügen.
	Bei süßen Teigen gibt man
100 g	Zucker hinzu.
400 g	Mehl mit 1 Pr Salz und reichlich
1 P	Backpulver mischen und zu den übrigen Zutaten geben.
	Zu einem geschmeidigen Teig verarbeiten und sofort weiter zu Gebäckstücken verarbeiten.

Hinweise:

- Da der Quark ausgedrückt eingesetzt wird, ist immer etwas mehr davon einzukaufen, als im Rezept angegeben.
- Die Teigzutaten dürfen nur ganz kurz miteinander verknetet werden.

Vorteil des Quark-Ölteiges

Er läßt sich wesentlich schneller als der Hefeteig zubereiten.

Nachteile des Quark-Ölteiges

- Er ist grobporiger als der Hefeteig.
- Er wird schneller trocken.
- Man muß ihn direkt vor dem Verzehr zubereiten, da er ganz frisch am besten schmeckt.

Ein dicker Sack —

den Bauer Bolte,
der ihn zur Mühle tragen wollte,
um auszuruh'n, mal hingestellt
dicht an ein reifes Ährenfeld —
legt sich würdevoll in Falten
und fängt 'ne Rede an zu halten:
Ich, sprach er, bin der volle Sack.
Ihr Ähren seid nur dünnes Pack.
Ich bin's, der euch auf dieser Welt
in Einigkeit zusammenhält.
Ich bins, der hoch vonnöten ist,
daß euch das Federvieh nicht frißt.
Ich, dessen hohe Fassungskraft
euch schließlich in die Mühle schafft!
Verneigt euch tief, denn ich bin Der!
Was wäret ihr, wenn ich nicht wär?!
Sanft rauschen die Ähren:
Du wärst ein leerer Schlauch,
wenn wir nicht wären!

W. Busch

Gesundes Vollkorngebäck

Der Mensch ist,
was er ißt . . .

Kanadischer Apfelkuchen

Rührteig:

150 g weiche Butter geschmeidig rühren, danach
90 g Ahornsirup oder Honig, Mark 1 Vanilleschote
1 Prise Salz, abgeriebene Schale ½ Zitrone unterrühren und so lange rühren, bis eine gebundene Masse entstanden ist.
3 Eier unterrühren, (jedes Ei ca ½ Minute).
50 g feingemahlenen Dinkel oder Weizen,
½ P. Backpulver mit 125 g feinen Haferflocken mischen ⅔ davon in eine 28 cm Ⓘ-Springform füllen.
700 g mürbe, in kleine Würfel geschnittene Äpfel verteilen.
50 g Rosinen darüber streuen. Den restlichen Teig mit Hilfe von 2 Teel. in Häutchen auf den Äpfeln verteilen. Mit
50 g Butterflöckchen belegen
50 g gehobelte Mandeln darüber streuen.

Im vorgeh. Backofen etwa 50-60 Min. bei ca. 190° abbacken. Der Kuchen kann auch in einer Pieform abgebacken werden.

Apfelstrudel

250g Weizenvollkornmehl in eine Schüssel füllen.
1 Pr. Salz, 1-2 El Speiseöl, 2 Eigelb und
1/8 l lauwarmes Wasser hinzufügen. Mit dem Knethaken so lange durcharbeiten, bis sich der Teig vom Schüsselrand löst, dann auf der Tischplatte verkneten, eine Kugel formen, abgedeckt im Kühlschrank ruhen lassen.

Füllung: 1 Kg Äpfel, geschält in feine Streifen schneiden,
200g Rosinen, 100g Mandelstifte, 1 Tl Zimt und
100g flüssigen Honig vermischen.
100g Butter zerlassen.

Den Strudelteig ausrollen, dann auf ein Trockentuch legen u. mit den Händen zu einem Rechteck von 50x70cm ausziehen. Dicke Ränder abschneiden. 2/3 der Butter auf den Teig pinseln. 100g Vollkornzwiebackbrösel auf den Teig streuen. Die Füllung darauf verteilen. Rundherum 3cm vom Rand freilassen. Teigränder auf die Füllung schlagen, von der Längsseite her aufrollen. Auf dem Backblech mit Butter bestreichen. Ca. 50 Min. bei 190° backen.

Rosinenkuchen

300g	Rosinen mit
5 El	Rum 1 Stunde durchziehen lassen.
300g	Butter schaumig rühren.
250g	flüssigen Honig, Mark von
1	Vanilleschote und
1 Pr.	Salz zufügen, rühren, bis eine gebundene Masse entstanden ist. Nach und nach
5	Eier unterrühren.
500g	Weizenvollkornmehl mit
1	Tütchen Backpulver mischen, eßlöffelweise mit
1/8 l	Milch unterrühren. Zum Schluß die Rosinen zugeben.

In eine vorbereitete Napfkuchenform füllen. Im vorgeheizten Backofen ca. 1 Stunde bei 180° backen.

Vollkornwaffeln

300 g	Weizenvollkornmehl in eine Schüssel geben, mit
1/2 P	Trockenhefe u. 1 Pr. Salz mischen.
125g	Butter zerlassen, abkühlen lassen, mit
2-3 EL	Honig, 2-3 Eiern
300ml	lauwarmer Milch mit dem Knethaken des Handrührgerätes zu erst auf niedrigster, dann auf höchster Stufe zu einem dünnen, nicht zu flüssigen Teig verarbeiten.

Etwa 25 Min. an einem warmen Ort aufgehen lassen.

Waffeleisen mit Öl einfetten. Mit der Schöpfkelle etwas Teig in das Waffeleisen füllen und etwa 5 Min. backen.

Auf einem Kuchengitter erkalten lassen.

Die Waffeln mit Kirschen und Sahne servieren.

Zwiebacktorte

100 g	Butter, 150 g Honig und
5	Eigelb schaumig rühren.
2 EL	Joghurt und 1 El Rum zugeben
125 g	Vollkornzwiebackbrösel mit
½ P.	Backpulver mischen und unter die Masse rühren.
5	Eiweiß zu Eischnee schlagen und unterheben.

Im vorgeheizten Backofen ca. 30 Min. bei 190° backen.
Den Kuchen auskühlen lassen und 1 X durchschneiden.

250 ml	Schlagsahne mit
1 P.	Sahnesteif steif schlagen. Die Torte mit der Viertelmenge füllen, mit der übrigen Sahne bestreichen, mit
100 g	gehackten Pistazien bestreuen.

Buchweizentorte

6	Eier und
2 El	heißes Wasser 1 Minute schaumig schlagen.
125g	Honig, abgeriebene Schale
1/2	Zitrone ca. 2 Min. unterschlagen.
180g	Buchweizenmehl mit
1 Tl	Backpulver mischen und auf der niedrigsten Stufe des Handrührgerätes unterarbeiten.

Den Teig in eine vorbereitete Springform füllen und 30-35 Min. bei 190° backen. Auskühlen lassen und 2X durchschneiden.

4	Blatt Gelatine in kaltem Wasser einweichen. Die aufgelöste Gelatine mit etwa
300g	Preiselbeerkonfitüre mischen. Wenn die Masse zu stocken beginnt,
250ml	steifgeschlagene Sahne unterheben. Den Kuchen damit füllen.
250ml	Sahne mit 1P. Sahnesteif schlagen u. die Torte damit umhüllen und verzieren.

Gebäck mit BE-Angaben für Diabetiker

Möhrentorte

200 g	geriebene Mandeln (3,2 BE)
300 g	geraspelte Möhren (1,8 BE)
6	Eigelb mit
12 g	Fruchtzucker (1 BE) schaumig rühren.
1	Msp. Zimt, Saft
½	Zitrone und 3 El Rum zufügen
6	Eiweiß mit
12 g	Fruchtzucker (1 BE) steif schlagen. Nach Geschmack Süßstoff in die fertige Teigmasse geben. Eischnee unter die Teigmasse heben.

Teig in eine mit Backtrennpapier ausgelegte Springform füllen. Im vorgeh. Backofen ca. 45 Min. bei 180° backen. Auskühlen lassen. Kuchen in 14 Stücke schneiden. Jedes Stück 0,43 BE.

Gedeckter Apfelkuchen

Mürbeteig

250g Mehl, 1½ Tl Süßstoff
1 Ei 2 Tropfen Zitronenöl
125g Butter, 1 Pr. Salz
½ Tütchen Backpulver.

Die Zutaten mit dem Knethaken des Handrührgerätes zunächst auf niedrigster, dann auf höchster Stufe gut durcharbeiten. Danach auf der Tischplatte zu einem glatten Teig verkneten. ⅔ des Teiges auf dem gefetteten Boden einer Springform ausrollen. 15 Min. 190° vorbacken. Gedünstete, mit Süßstoff abgeschmeckte Apfelschnitzel darauf füllen.

Die restliche Teigmenge formgerecht für die Decke ausrollen, auf die Äpfel legen, mit Butter bepinseln. Ca 30 Min. bei 190° abbacken.

Der Teig, ohne Füllung, enthält 14 BE.

Windbeutel

1/4 l	Wasser zusammen mit
125 g	Butter zum Kochen bringen.
150 g	Vollkornweizenmehl unter kräftigem Schlagen auf einmal hinzugeben.
4	ganze Eier nach und nach unter den Teig schlagen. Das 4. Ei verquirlen und je nach Bedarf portionsweise zugeben.

Siehe Zubereitung Brandteig Seite 124.

In dem fertigen Gebäck sind 8,5 Broteinheiten enthalten!

Gewöhnlich werden Windbeutel mit Sahne und Obst gefüllt.

Füllungen mit geringem Energiegehalt

Aprikosenquark

100 g Aprikosen, 160 g Magerquark, 3 El Buttermilch, Zitronensaft, Süßstoff.

Quark und Buttermilch verrühren, pürierte Aprikosen dazugeben, mit Zitronensaft und Süßstoff abschmecken. 12 g Kohlenhydrate = 1 BE. Zur Verfeinerung kann Sahne hinzugegeben werden.

Quarkweincreme

200 g Quark, 2 Eigelb, 3 El Zitronensaft,
200 g Weißwein, Süßstoff, 2 Bl. Gelatine,
2 Eiweiß.

Quark, Eigelb und Zitronensaft verrühren. Den Wein erhitzen, Süßstoff und gequollene Gelatine darin auflösen, nach dem Erkalten unter den Quark rühren. Zum Schluß steifgeschlagenes Eiweiß unterheben. 2100 KJ – keine BE.

Sandkuchen –

die Klassiker für den Fünf-Uhr-Tee

Seit altersher sind Sand- und Rührkuchen die Klassiker für Kaffeetisch und Fünf-Uhr-Tee.
Bei Kindern sind sie die absoluten Stars unter dem Kuchenangebot ...

Was gut schmeckt
Wohlsein weckt ...

Rührkuchen -
Variationen

Rührkuchen - serenade

Gerührte Kuchen sind Gedichte
Aus der Küchenkunstgeschichte.
Vielgepriesen, hochgelobt
ist solch ein gutes Angebot.
Zum 5-Uhr-Tee sind hochgeschätzt,
Die Klassiker des Sand-gebäckes.
Beim „Kaffeeplauschken" bei Frau Wehrt,
Rührkuchen sind stets heiß begehrt.
Onkel, Neffe, Nichte, Tante,
Weit und nähere Verwandte,
Alle schwärmen sie davon
Und sind des hohen Lobes voll.
Selbst die holde Kinderschar,
Wenn sie sich drängt zur Kuchenbar,
Wo lockend auf des Tisches Mitte,
Thront der Kuchen, jede Schnitte
Sieht - pardon - zum Fressen aus.
Man streckt die Hand und ißt sie,
(die Kuchenschnitte) auf.
„Fühlt euch bitte wie zu Haus",
Sagt die Hausfrau, „nehmt doch an,
Daß ich wieder backen kann."
Darauf wird ganz kurz entschlossen,
Rührkuchen bis zum Rest genassen.
Zur Winterzeit ißt man ihn gern
Mit Nüssen, Zimt und Mandelkern,
Umhüllt mit Schokoladenguß.

Rührkuchen stets ein Hochgenuß!

Apfelsinenkuchen

375 g Butter, 150 g Zucker
6 Eigelb
200 g Mehl, 175 g Speisestärke
2 El Alkohol (Weinbrand oder Himbeergeist)
1 Msp. Backpulver, abgeriebene Schale von je
1 Zitrone und 1 Orange,
6 Eiklar mit
150 g Zucker steif schlagen.

Zubereitung:
Siehe Sandkuchen Grundrezept Seite 349-51. Den Teig in eine vorbereitete Form füllen und bei ca. 180-200°C etwa 50 Min. backen.

Zum Tränken Saft von
2 Orangen und 2 Zitronen mit
75 g Zucker etwas einkochen lassen. Den fertigen Kuchen von oben mit einem Zahnstocher wiederholt einstechen. Den Saft mit einem Pinsel auf den Kuchen verteilen.

Baumkuchentorte

250 g Butter
250 g Zucker
5 Eier
250 g Mehl, 1 Tl Backpulver
1 P. Vanillezucker
2 El Rum
1 Pr. Kardamon, saft
½ Zitrone
60 g gemahlene Mandeln.

Die Zutatenmenge reicht für eine 24 cm - ⌀ - Form. Bei 28 cm Durchmesser muß die Zutatenmenge verdoppelt werden. Die Zubereitung erfolgt nach dem Grundrezept „Sandkuchenteig" Seite 349 - 51. Der Kuchen wird bei einer Temperatur von 180 - 190 °C abgebacken.

Abbacken

Man füllt 2 El Teig in eine mit Backpapier ausgelegte Springform und backt die Lage ab.
Auf die gargebackene Lage streicht man eine neue Teiglage und läßt sie möglichst nur bei Oberhitze ebenfalls backen. Die folgenden Lagen backt man auf die gleiche Weise.
Damit die untere Schicht nicht zu dunkel u. zu hart wird, kann man die Form während des Backens auf ein Gefäß mit heißem Wasser stellen.

Garnierungsvorschlag:

Die Torte kann mit einem hellbraunen Schokoladenguß oder mit weißer Zuckerglasur überzogen und mit kandierten Früchten oder Mandelhälften belegt werden.

Baumkuchen - Kleingebäck

Auf gleicher Art kann ½ Blech von dem Teig (1 ½ Teigmenge) abgebacken werden. Das Gebäck nach dem Erkalten in ca. 2-3 cm große Quadrate schneiden, die ganze Fläche mit Glasur überziehen, und jedes Teilchen mit ½ o. 1 kandierten Frucht oder mit etwas Marzipan belegen.

Königskuchen

Aus 250 g Mehl, 125 g Fett, 65 g Puderzucker und 1 ganzen Ei wird zunächst ein Mürbeteig geknetet und ausgerollt. Mit dem Teig wird eine gefettete Kastenform ausgelegt.

Rührteig:

300 g Butter sahnig rühren
150 g Zucker und
6 Eigelb im Wechsel zufügen.
250 g Mehl, 1 P. Backpulver
200 g Kartoffelmehl u. 60 g geriebene Mandeln unterrühren.
125 g Rosinen, 50 g Cocktailkirschen, 1 El Rum
50 g Zitronat unterheben.
6 Eiklar mit 100 g Zucker steif schlagen zum Schluß unterheben.

Der Teig wird in den Mürbeteigboden gefüllt und der Kuchen bei ca. 190° 1 - 1½ Stunden gebacken.

Gebackener Rehrücken

100g Butter, 60g Zucker, 4 Eigelb
100g geriebene Nüsse oder Mandeln
100g Zwiebackbrösel, 1 El Rum
2 El Mehl, 1/2 P. Backpulver
100g geschabte Blockschokolade
4 Eiweiß mit 65g Zucker steif schlagen.

Die Zutaten nacheinander zu einem Rührteig verarbeiten. Zum Schluß den Eischnee unterheben.
Den Teig sofort in eine gut vorbereitete gerittelte Kastenform (Rehrückenform) füllen.
Etwa 45-60 Minuten im vorgeheizten Backofen bei 160-175°C abbacken.
Nach dem Erkalten wird der Kuchen mit Schokoladenglasur überzogen und mit einer Marzipanrolle oder gestifteten Mandeln verziert.

Rum-Nußkuchen

275 g Butter mit
200 g Zucker schaumig rühren
4 Eier und
200 g Mehl mit einem gestr. Tl. Backpulver u.
1 Päckchen Vanillezucker abwechselnd zug.
200 g gemahlene oder geh. Haselnüsse zum Schluß unterheben.

Den Teig in eine vorbereitete Kasten. oder Springform füllen und bei ca. 180° 60 Min. backen.

Zum Bestreichen Den heißen Kuchen mehrmals mit einem Holzstäbchen einstechen u. von allen Seiten mit
5 El Rum bepinseln.
4 El Aprikosenkonfitüre mit 3 El Wasser aufkochen, den Kuchen damit bestreichen und gut auskühlen lassen. Danach mit Schokoladenglasur überziehen. Auch wenn der Kuchen nicht mit Alkohol getränkt wird, schmeckt er sehr gut!

Rotweintorte

250 g Butter
250 g Zucker
4 Eier
250 g Mehl
1 Tl Zimt, 1 P. Vanillezucker
1 Tl Kakao
1/8 l Rotwein
3 El geraspelte Blockschokolade

Zubereitung siehe Grundrezept „Sandkuchenteig" Seite 349–51.
In eine vorbereitete Form (26 cm ⌀) füllen.
Backzeit: ca. 60 Min. bei 190 °C.
Nach dem Erkalten mit einer Glasur überziehen. Vor dem Verzehr etwa 2 Tage durchziehen lassen.
Die Rotweintorte läßt sich längere Zeit frisch halten.

Weinbrandkuchen
oder Herrenkuchen

250 g Butter, 250 g Zucker
6 Eier, 250 g Mehl, 1/2 P. Backpulver
100 g gemahlene Mandeln oder Nüsse
100 g gehackte Schokolade.

Die Zutaten zu einer Sandmasse verarbeiten, siehe Seite 349 - 51.

Den Teig in eine vorbereitete Springform füllen und bei 190 - 200° ca. 50 Minuten backen.

Den heißen Kuchen mehrmals mit einem Holzstäbchen einstechen.

1/4 l Weinbrand auf dem Kuchen verteilen, bzw. in die Löcher füllen. Den abgekühlten Kuchen aprikotieren, mit Schokoladenglasur überziehen und mit leicht gerösteten Mandelblättern bestreuen.

Quarknapfkuchen

100 g Butter
200 g Zucker, 1 P. Vanillezucker mit
3 Eiern schaumig rühren.
200 g trockener Quark durch ein Sieb streichen und hinzugeben.
400 g Mehl u. 1 P. Backpulver hinzugeben.
Zum Schluß
100 g Rosinen und
1 El Rum unterheben.
In eine vorbereitete Rodon- oder Napfkuchenform füllen.

Backzeit: 1 Stunde bei 180 - 190° C.

Mit einer Glasur überzogen bleibt der Kuchen lange frisch.

Rodonkuchen

250 g Butter
250 g Zucker
5 Eier
500 g Mehl, 1 P. Backpulver
3 El Milch, 1 Fl. Rumaroma
250 g Rosinen

Die Zutaten zu einem Rührteig verarbeiten. In einer vorbereiteten Rodonkuchenform bei mittelstarker Hitze, ca. 190 °C, 1 Stunde backen.

Der Rodonkuchen kann sowohl in einer Kasten- als auch in einer Kranzform abgebacken werden. Der Kuchen wird nach dem Erkalten mit Puderzucker bestäubt.
Er bleibt länger frisch, wenn man ihn mit einer Glasur überzieht.

Marmonierter Kranzkuchen

Man stellt einen Rührteig nach dem Rührteig-Grundrezept Seite 349 her. Die Zutaten werden um 1 Päckchen Vanillezucker ergänzt.
Unter 1/3 der Teigmenge mischt man 30 g Kakao.
Dann gibt man zunächst einen Teil der hellen Kuchenmasse, dann braune und zuletzt wieder helle Masse in die gefettete Spring- oder Kranzform.
Man geht mit einem Löffel unter die 3 Schichten und hebt sie etwas hoch, wodurch die Marmonierung entstehd.
Der Kuchen wird etwa 60 Minuten bei 190° C abgebacken. Nach dem Erkalten wird er mit Puderzucker bestäubt oder mit einem Schokoladenguß überzogen.

Möhrenkuchen

1 ½ Tassen Mehl, 1 P. Backpulver
1 ½ Tassen Zucker
2 Tassen gemahlene Haselnüsse
2 Tassen geriebene Möhren
Die Zutaten in eine Schüssel geben und mischen.
200g flüssige, nicht mehr heiße Butter
4 Eier, Saft ½ Zitrone und
4 El Kirschwasser zu den Zutaten geben, alles gut verrühren und in eine vorbereitete Springform geben.
Im vorgeheizten Backofen ca 60 Minuten bei 200° backen.

Sofort nach dem Erkalten mit einer Kuvertüre überziehen und mit Marzipanmöhren verzieren.

Blitz - Blechkuchen

1 Becher Sahne
1 Becher Zucker, 4 Eier
2 Becher Mehl, 1/2 P. Backpulver.
Die Zutaten zu einem Rührteig verarbeiten. Den Teig auf ein vorbereitetes Backblech geben. Einen Löffel in kochendes Wasser tauchen und damit glatt streichen. Im vorgeh. Backofen etwa 10 Min. bei ca. 210° backen.

Belag: Während des Backens
150g Butter, 4 EL Sahne,
150g Honig, 1 Tütchen Va-Zucker und
150g Zucker unter Rühren erhitzen und einmal aufkochen lassen.
250g gehobelte Mandeln unter die Fett-Zucker-Masse rühren. Die Masse auf dem halbgaren Kuchen verteilen.
Auf der oberen Schiene des Backofen weitere 5-10 Min. backen.

Feines für festliche Stunden

„Meine Mutter schickt mich her,
ob die Torte fertig wär',
Wenn sie noch nicht fertig wär',
sollt sie bleiben, wo sie wär'!"

Zitronen-Mandel-Torte

Für den Biskuitteig:

5 Eier, 4 El kochendes Wasser, 150 g Zucker
150 g Mehl-Speisestärkegemisch, 1 El Rum.
Zubereitung siehe Grundrezept Seite 334.
Den gut gekühlten Boden 3-4 X durchschneiden. Die einzelnen Scheiben mit Orangenlikör betupfen. Mit gekochter Buttercreme füllen.

Zitronenbuttercreme:

Siehe Seite 148.

Den Biskuit mit der noch warmen Buttercreme füllen und rundherum bestreichen.

120 g gehobelte Mandeln leicht rösten. Die Torte damit gleichmäßig rundherum bestreuen.
Je nach Belieben auf jedes Stück einen Cremetupfer setzen oder Schokoladenkonfekt auflegen.

Margrets Geburtstagstorte

Für den Rührteig:

350 g Butter, 275 g Zucker
7 Eier, 300 g Mehl, 100g Kartoffelmehl,
2 El Rum, 1 Tütchen Vanillezucker.
Zubereitung siehe Grundrezept Seite 350.

Von dem Teig 5-6 Böden abbacken.
Den Boden einer Springform vorbereiten, so viel Teig darauf streichen, daß der Boden bedeckt ist. Auf der mittleren Schiene im vorgeheizten Backofen ca. 15 Minuten bei 190° abbacken.
Die Böden nacheinander abbacken, auf eine Platte legen, sofort nach dem Backen mit Creme bestreichen, so daß der folgende Boden

jeweils auf die Cremeasse gelegt wird.

Zutaten für die Cremeasse:

Saft von 3 Zitronen, abgeriebene Schale 1 Zitrone
250 g Zucker, 5 Eier, 250 g Butter
Zubereitung der Zitronencreme siehe Seite 148.

Die Creme abkühlen lassen, in streichfähigem Zustand auftragen.
Die fertige Torte mit einer Marzipandecke umhüllen oder mit einer Glasur überziehen.

Hinweise und Tips:

Die Torte vor dem Verzehr wenigstens 2-3 Tage durchziehen lassen. Sie hält sich bei Kellertemperatur etwa 2 Wochen, sie läßt sich aber auch wunderbar einfrieren.
Die Torte ist mächtig, aber auch sehr ergiebig. Schneidet man eine großzügige Mitte heraus, können kleine Stücke bzw. Scheiben geschnitten werden.
Für besondere Anlässe bietet sich die Zubereitung der Doppelstocktorte an. Man nimmt die Menge von 1¼ Rezept. Für den Aufsatz kann man sehr gut eine „Kinderkuchenform" von 14cm Ø einsetzen.

Zwiebacktorte mit Marzipanfüllung

100 g Butter
125 g Zucker schaumig rühren.
5 Eigelb
125 g Zwiebackbrösel mit ½ P. Backp. mischen
1/4 Becher Sahne und
1 EL Rum – Zutaten nach und nach unterrühren.
5 Eiweiß mit 1 El Zucker zu Schnee schlagen und unterheben.

Im vorgeheizten Backofen bei einer Temperatur von 180° – 190 °C ca. 30 Min. backen. Vorsichtig aus der Form nehmen, über Nacht auskühlen lassen, dann 1X durchschneiden.

Für die Füllung:

200 g Marzipan-Rohmasse mit

100 g Puderzucker, 125 g Aprikosenkonfitüre,
2 El Rum glatt rühren.
Mit der halben Menge die Torte füllen, mit dem Rest die Torte rundherum bestreichen.

Garnierungsmöglichkeiten:

I. Die Marzipanmasse etwas antrocknen lassen und mit einer Schokoladenglasur überziehen.

II. Marzipanringe aufspritzen. Hierfür werden 200 g Marzipanrohmasse mit 3 Eigelb, 75 g Puderzucker und 1 El Rum zu einer spritzfähigen Masse verrührt und damit Ringe aufgespritzt.
Die gespritzte Torte etwa ½ Stunde stehen lassen, damit die Marzipanmasse antrocknen kann. Danach wird die Torte unter dem Grill oder bei Oberhitze goldbraun gebacken. Die Zwischenräume werden vor dem Backen mit Gelee gefüllt.

Zum Schluß wird die etwas abgekühlte Torte aprikotiert.
Der Kuchen bleibt mehrere Wochen frisch, wenn er in Alufolie eingeschlagen und bei Kellertemperatur aufbewahrt wird.

Cointreau-Torte

250 g Butter, 250 g Zucker, 5 Eier, 2 El Rum
100 g Mehl, 1/2 P Backpulver 200 g gemahlene Nüsse. Zutaten nacheinander zu einem Rührteig verarbeiten. Ca. 50-60 Min. bei 190°C backen.

Von dem gut ausgekühlten Nußboden etwa 1/3 der Höhe abschneiden und zerbröckeln.
1 1/2 Becher Sahne steif schlagen, die Kuchenbröseln, 2 El Cointreau und
50 g gemahlene Nüsse mit des Sahne vermischen. Den Nußboden mit einem Rand umstellen, mit 5 El Cointreau oder Orangenlikör tränken. Die Sahnemasse auf den Boden füllen.
1 P. Marzipan-Rohmasse mit Puderzucker verkneten, ausrollen, als Decke auf den Kuchen legen und mit Schoko-Glasur überziehen.

Krokanttorte

Für den Biskuit:

4 Eier mit 100g Marzipanrohmasse aufschlagen,
125g Zucker, 1 P. Vanillez., 1 Pr. Salz nach und nach zugeben und cremig schlagen.
100g Mehl, 2 gestr. Tl Backpulver
1 Msp. gemahlenen Zimt mischen, auf die Eimasse sieben, locker unterheben. Zuletzt
100g Krokant und
50g zerlassene, abgekühlte Butter unterrühren.
Je nach Belieben in eine Spring- oder Kranzform füllen u. in ca. 30 Min. bei 180-190° backen. Den am Vortag gebackenen Kuchen 2 X durchschneiden.

Schokoladen - Krokant - Füllung:

Rezept siehe Seite 159.
Die Böden mit der Füllung bestreichen, aufeinander setzen und den Kuchen mit der Füllung umhüllen und verzieren. Mit Schokoladentäfelchen garnieren oder mit geraspelter Vollmilchschokolade bestreuen.

Irish - Coffee - Torte

5 Eigelb mit 100g Zucker, 4 El. kochendes Wasser
2 El Whisky oder Rum cremig schlagen.
5 Eiweiß mit 50g Zucker steif schlagen und auf die Eigelbmasse füllen.
50g Mehl, 50g Speisestärke, 1 Tl Backpulver mischen, über den Eischnee geben und locker unterheben. Danach
100g gemahlene Nüsse unterheben.
Etwa 40 Min. bei 180 - 190 °C backen.
Aus der Form nehmen, mit 3 El Whisky beträufeln, auskühlen lassen, 1X durchschneiden.

Füllung: 7 Blatt Gelatine einweichen.
4 Tl Pulverkaffee in 1/8 l kochendem Wasser u. die gequollene Gelatine darin auflösen, wenn die Masse zu stocken beginnt,
400 ml steifgeschlagene Sahne unterziehen. Die Torte damit füllen, bestreichen u. verzieren.

Schokoladen - Mandel - Torte

Für den Mandelbiskuit:

5 Eigelb mit 2 El Rum, 1 Pr. Salz, 1 P. Vanillez.,
4 El kochendes Wasser und 100g Zucker cremig schlagen.
5 Eiweiß mit 50g Zucker steif schlagen, auf die Eigelbmasse füllen.
100g Mehl mit 10g Kakao und 1 Msp. Backpulver mischen und darüber sieben und unterheben. Zuletzt
100g gemahlene Mandeln unterziehen. In die die vorbereitete Backform füllen und etwa 30 Min. bei 180 - 190 °C backen.

Für die Füllung:

Gestreckte Buttercreme, siehe Rezept S. 143.

Den ausgekühlten Boden 2X durchschneiden. 3 - 4 El der fertigen Creme in einen Spritzbeutel mit Tülle geben. Mit der restlichen Creme die 3 Tortenböden bestreichen, zu einer Torte zusammensetzen, den Tortenrand bestreichen. Die Tortenoberfläche mit, durch ein Sieb gestrichene, Aprikosenkonfitüre bestreichen. Kalt stellen.

Die Torte rundherum mit Schokoladenkuvertüre überziehen. An den Kuchenrand Cremetupfer aufsetzen.

1 El Speiseöl erhitzen, 32 abgezogene Mandeln darin bräunen. Die Torte damit garnieren.

Praliné-Torte

Für den Rührteig:

200g Butter, 200g Zucker, 1 P. Vanillez.
4 Eier, 100g Mehl, 100g Speisestärke
10g Kakao, 2 TL Backpulver, 1 Fl. Rumaroma.

Zubereitung siehe Seite 350/351.

Füllung:

Siehe Grundrezept: „Gestreckte Buttercreme" S. 143.

100g Schokolade in kleine Stückchen brechen, im Wasserbad erwärmen, bis sie weich ist, sie dann unter die fertige Buttercreme rühren.

2 El Weinbrand ebenfalls unterrühren.

Den Tortenboden 2 X durchschneiden. Mit der halben Creme füllen. Rand und Tortenoberfläche mit Creme bestreichen. Den Rand mit Schokolade bestreuen.

Die Torte mit der restlichen Creme garnieren und mit Pralinen dekorieren.

Wiener-Schokoladen-Torte

Teig:

200 g	Zartbitter-Schokolade im Wasserbad erwärmen, geschmeidig rühren, etwas abkühlen lassen.
200 g	Butter sahnig rühren
50 g	Zucker, die abgekühlte Schokolade
4	Eigelb und
3	ganze Eier verrühren.
80 g	Semmelmehl mit
200 g	mit der Schale gemahlenen Mandeln und
2	gestrichenen TL Backpulver mischen und eßlöffelweise unterrühren.
4	Eiweiß mit
100 g	Zucker steif schlagen. Eischnee auf die Teigmasse geben und unterheben. Den Teig in eine gefettete Springform füllen. 60-70 Min. bei 180-190°C backen. Erkalten lassen.
3 EL	Johannisbeergelee erhitzen, Tortenrand und Oberfläche damit bestreichen. Mit
1	Becher Schokoladenfettglasur überziehen. Die Torte ist sehr saftig und lange haltbar.

Mozart - Torte

1 dünner Mürbeteigboden - siehe Seite 341.

Schokobiskuit:

4 Eier, 4 EL kochendes Wasser
100 g Zucker, 90 g Mehl
1 Tütchen Schokoladenpuddingpulver.
Zubereitung siehe Seite 332.
Den Teig in eine mit Backpapier ausgelegte Springform von 26 oder 28 cm Ø füllen. Etwa 30 Min. bei 190° backen.
Den ausgekühlten Kuchen einmal durchschneiden.

Füllung:

6 Blatt o. 1 Tütchen weiße Gelatine einweichen.
½ P. Rumrosinen (60 g). Stattdessen kann man auch 3 EL Rum mit 60 g Rosinen mischen und mehrere Stunden ziehen lassen.

Dann Rumrosinen abtropfen lassen.

75 g Nuß-Nougatmasse erwärmen und glattrühren.

1/2 l Sahne fast steif schlagen. Aufgelöste Gelatine mit etwas Sahne verrühren, zu der übrigen Sahne geben und sie vollkommen steif schlagen.
Sahne in 3 Teile aufteilen.
Nuß-Nougatmasse mit Sahneteil Nr. 1,
Rumrosinen mit Sahneteil Nr. 2 und
Rumrosinenflüssigkeit mit dem Sahnerest mischen.

Zusammensetzen der Torte:

- Mürbeteigboden mit
- 2-3 El Preiselbeeren (aus dem Glas) bestreichen,
- Boden mit einem Formrand umstellen,
- Biskuitboden auflegen und etwas andrücken,
- darauf die Nuß-Nougatmasse füllen,
- mit dem Biskuitboden bedecken,
- mit der Rosinensahne bestreichen.
- Von der Rumsahne ca. 3 El zum Verzieren in einen Spritzbeutel füllen.
- Mit der restlichen Rumsahne Tortenoberfläche und Rand bestreichen.

Verzieren und nach Belieben mit Rumrosinen garnieren. Jenach Belieben den Tortenrand mit Schokoraspeln bestreuen.

Eierlikörtorte

80g Butter, 50g Zucker
schaumig rühren.
5 Eigelb nach und nach zugeben.
200g gemahlene Mandeln, 1 Msp. Backpulver u.
2 EL Rum unterrühren.
75g geraspelte Schokolade zufügen.
5 Eiklar mit 80g Zucker steif schlagen
und zum Schluß unterheben.
Etwa 45 Minuten bei 180°C backen.
Auskühlen lassen und mit einem Rand
umstellen.
6 Blatt Gelatine in kaltem Wasser einweichen.
3/8l Sahne mit 2 Tl Zucker, 2 Tütchen Vanillez.
2P Sahnesteif sehr steif schlagen.
4 Blatt aufgelöste Gelatine unterrühren.
1 Schnapsglas Cognac unterziehen. Die Masse
auf den Kuchen füllen u. 1 Std. kalt stellen.
1/8 Eierlikör mit 2 Blatt Gelatine verrühren
und löffelweise über die Sahneschicht
ziehen.

Likörtorte mit Schokoröllchen

Schokoladenbiskuit:

3 Eier, 3 El heißes Wasser, 90g Zucker
80g Mehl - Speisestärke - Gemisch,
1/2 Packung Schokoladenpuddingpulver.
15-20 Minuten bei 200°C abbacken.

10 Blatt Gelatine in kaltem Wasser einweichen.
100g weiche Butter, 100g Puderzucker und
2 Päckchen Vanillezucker cremig rühren.
3 Eigelb und
1/4 l Vanille- oder Eierlikör mit der Buttermischung verrühren. Aufgelöste Gelatine unterziehen. Wenn die Masse zu stocken beginnt,
500 ml steifgeschlagene Sahne und danach
2 zu Schnee geschlagenes Eiweiß unterheben.

Zusammensetzen der Torte:

Den Boden mit einem Rand umstellen. Etwas Likörsahne darauf streichen. Etwa
32 Waffelröllchen senkrecht rundherum auf den Bodenrand stellen. Likörsahne einfüllen. Je nach Belieben kann 1/4 der Sahne für die Füllung ausgespart u. zum Verzieren eingesetzt werden. Etwa 5 Stunden kühl stellen.

Käse- Sahne Torte

Mürbeteig:

50 g Puderzucker, 100g Butter, 150g Mehl,
1 Eigelb, 1 kl. Msp. Backpulver,
1 P Vanillez., 3 Tr. Zitronen-Backöl. In
etwa 12-15 Min. bei 180-190°C goldgelb backen

Biskuitteig:

3 Eier, 90 g Zucker
90 g Mehl-Stärkegemisch,
2 El heißes Wasser
Zubereitung A, siehe Seite 334.

Den Boden einmal durchschneiden. Am besten am Vortag backen.

Quarkmasse:

10 Blatt Gelatine in kaltem Wasser einweichen.

1 Döschen Mandarinen über ein Sieb schütten und abtropfen lassen.

3 Eigelb mit

125ml Milch, 120g Zucker u. 3 Tr. Zitronenaroma in einen Topf geben und verrühren. Bei schwacher Hitze schlagen, bis die Masse heiß ist. Nicht kochen lassen! Die Creme vom Herd nehmen. Gelatine ausdrücken, zugeben und unterrühren.

500g Quark in einer Schüssel verrühren. Die leicht abgekühlte, abgeschlagene Creme damit vermischen. Abschmecken.

1/2 l sehr gut gekühlte Sahne mit Vanillezucker und 1 P Sahnesteif schlagen und unter die abgekühlte Quarkcreme ziehen. Mandarinen unterheben.

Zusammensetzen der Torte

Mürbeteig mit Aprikosenkonfitüre bestreichen. 1 Scheibe Biskuit auflegen, mit einem Tortenring umstellen.
Quarkmasse darauf verteilen u. glattstreichen. Die 2. Biskuitscheibe in 16 Stücke teilen, auf der Quarkmasse wieder zu einem Boden zusammensetzen. Auskühlen lassen. Tortenrand entfernen. Den Rand mit gehobelten, leicht gebräunten Mandeln bestreuen. Die Oberfläche mit Puderzucker bestäuben.

Schichttorten

Himmelstorte

300 g Butter,
100 g Puderzucker, 5 Eigelb
2 T. Va-Zucker, 450 g Mehl, 1 Tl Backpulver –
zu einem Mürbeteig verarbeiten, siehe Seite 343.
5 Eiweiß mit 150 g Zucker und
5 El Zitronensaft zu einer Baisermasse schlagen.
150 g gemahlene oder gehackte Mandeln unterheben.

Den Mürbeteig in 4–5 Stücke teilen, den Boden einer 28 cm Ø-Springform mit Backpapier belegen. (Wenn etwas Butter auf den Boden der Form gepinselt wird, rutscht das Papier nicht mehr.)
Jeweils 1 Mürbeteigstück ausrollen, die Form damit belegen, 1/4 oder 1/5 der Eiweißmasse darüber streichen. Die Springform schließen. Die Baisermasse mit etwas Zimt bestäuben.
Böden nacheinander auf der unteren Schiene etwa 15–20 Min. bei 180–200 °C abbacken.
Böden auskühlen lassen.
Mit 1/2 l Schlagsahne füllen. Den oberen Boden mit Puderzucker bestäuben. Einen Tag durchziehen lassen.

Himmelstorte
mit roten Johannisbeeren

Rührteig:

250g Butter, 100g Zucker, 1 P. Va-Zucker
4 Eigelb, 1 Pr. Salz, 2 El Alkohol
2-3 El Milch, 200g Mehl, 50g Stärkemehl
2 gestrichene Tl Backpulver.
Rührteig auf 4 Böden verteilen. Ein 26cm oder 28cm-Form einsetzen.

Makronenmasse:

4 Eiweiß mit 150g Zucker und
4El Zitronensaft steif schlagen.
100g gehackte Mandeln unterheben. Gleichmäßig auf die 4 Rührteigböden verteilen.
Ca. 15-20 Min. auf der unteren Schiene bei 180-200°C abbacken.
500g Johannisbeeren, frische o. gefrorene.
1/2l Sahne mit 3 El Puderzucker u.
3P. Sahnesteif schlagen.
Johannisbeeren unterheben.
Die Böden mit der Sahne füllen. Den obersten Boden mit Puderzucker bestäuben.

Orangen-Schichttorte

Für den Rührteig:

200 g Butter, 200 g Zucker
1 P. Va-Zucker, 3 Eier
150 g Mehl, 50 g Stärkemehl, 1 Msp. Backpulver.

Für die Füllung:

3 Blatt Gelatine einweichen und auflösen.
1/2 l Schlagsahne steif schlagen.
1/4 l ausgepreßten Orangensaft, abger. Schale
1 Orange und die aufgelöste Gelatine miteinander verrühren.
1 P. Instant Puddingpulver - Vanillegeschmack nach Vorschrift einrühren und die geschlagene Sahne unterheben.

Backen und Füllen:

Von dem Rührteig 4 Böden abbacken - 15-20 Min. bei 200 °C. Erkaltet mit Schokoladenglasur bestreichen. Die Böden mit der Crememasse zusammensetzen. Den oberen Boden mit etwas Sahne garnieren.

Pflaumenmus- Schichttorte

Für den Mürbeteig:

100 g Puderzucker, 200 g kalte Butter,
300 g Weizenmehl, 1 Tl Backpulver,
2 P. Va-Zucker, 1 Becher (150 ml) Creme fraiche

Für die Streusel

150 g Weizenmehl, 150 g Zucker, 1 Msp. Zimt
150 g Butter. Die Masse zwischen bemehlten Händen verkrümeln. Bei Bedarf etwas Mehl zufügen.

Teig und Streusel in jeweils 4 gleiche Mengen aufteilen. Nacheinander ein Teigstück ausrollen, auf den Boden einer mit Backpapier ausgelegten Springform legen. Kuchenrand schließen. Streuselportion darauf verteilen. Bei ca. 210°C 15 Min. backen. Sofort aus der Form nehmen, danach einen der vier Böden in 12 oder 16 Stücke teilen.

Füllen:

1/2 l Sahne mit Zucker, Va-Zucker und
1 P. Sahnesteif steif schlagen.
450 g Pflaumenmus auf 3 Böden verteilen u. glattstreichen, Schlagsahne darüber geben. Auf den letzten Böden mit Schlagsahne die 16 Stücke zu einem Boden zusammensetzen. Mit Puderz. bestäuben.

Cointreau-Sahnetorte mit Aprikosen

Für den Rührteig:

150g Butter, 150g Zucker, 200g gemahlene Haselnüsse, 3 Eier, 1 Va-Zucker,
1 Päckchen Schokoladenpuddingpulver
50g Mehl, 2 Msp. Backpulver. Die Zutaten nacheinander zu einem Rührteig verarbeiten u. in 25-30 Min. bei 180-200°C abbacken.

Für die Füllung:

5-6 Blatt Gelatine einweichen, auflösen.
2 kleine Dosen Aprikosen abtropfen lassen. Den ausgekühlten Boden 1X durchschneiden, den unteren Boden mit einem Rand umstellen. Die Aprikosen auf den Boden verteilen. Aufgelöste Gelatine mit
200ml Aprikosensaft und
4 El Cointreau verrühren. Wenn die Masse zu stocken beginnt,

250 ml steifgeschlagene Sahne unterheben. Die Torte damit füllen. Den oberen Boden auflegen.
200 ml Sahne mit 2 El Cointreau, Vanillezucker und Sahnesteif schlagen.
Die Torte damit umhüllen und verzieren.

Kiwitorte

Für den Rührteigboden:

150 g Butter, 125 g Zucker, 2 Eier
125 g gemahlene Nüsse, 50 g Mehl,
2 Msp. Backpulver.

Bei ca 180-190°C 25-30 Minuten backen.
Ausgekühlt mit einem Rand umstellen.

Für die Füllung:

5-6 Blatt Gelatine einweichen, auflösen u. mit
200 ml Wein-Apfelsaft-Gemisch verrühren.
Wenn die Masse zu stocken beginnt,
1/4 l steifgeschlagene Sahne unterziehen.
Auf den Nußboden füllen. Über Nacht kalt stellen.
5-6 Kiwi schälen, in Scheiben schneiden, die Torte damit belegen. Tortenguß nach Rezeptangabe herstellen, etwas abkühlen lassen u. das Obst damit überziehen.

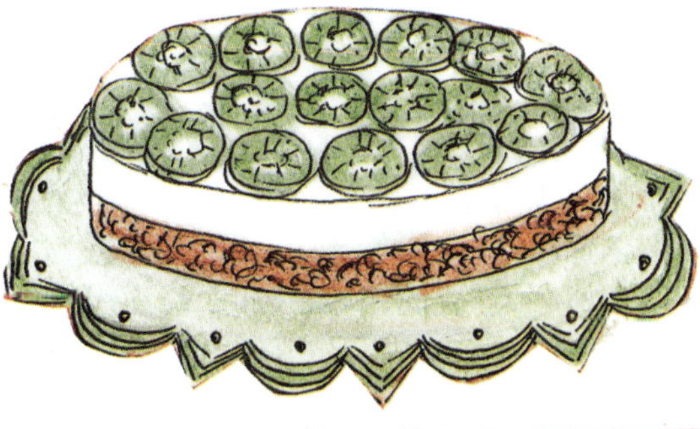

Feiner Kirschkuchen

Mürbeteig:

60g Puderzucker, 120g Butter, 180g Mehl, 1 Msp. Backp.
1 Eigelb, 1 P. Va-Zucker zu einem Knetteig verarbeiten. Ausrollen u. eine vorbereitete Form damit belegen.

Rührteig:

200g Marzipanrohmasse, 175g Butter, 100g Zucker schaumig rühren. Mit
2 EL Kirschwasser, 4 ganzen Eiern, 125g Mehl u.
1 TL Backpulver zu einem Rührteig verarbeiten. Zubereitung siehe 350 / 351.

1 Glas Sauerkirschen abtropfen lassen.
1/4 l Kirschsaft mit Stärkemehl oder
1 1/2 P. Tortenguß binden.
2 EL Semmelmehl über den Mürbeteigboden streuen. Kirschen bis zu 1/2 cm vom Rand auf dem Boden verteilen, und den fertigen Tortenguß darüberziehen. (1/2 cm am Rand entlang freilassen.)

Rührteig auf die Kirschmasse füllen, glattstreichen. Ca 60 Min. bei 175-200°C abbacken. In der Form erkalten lassen.
150 g Puderzucker mit 3 EL Kirschsaft verrühren u. den Kuchen damit bestreichen. Den Kuchenrand mit gebräunten Mandelblättern bestreuen.

Kirsch-Schmand-Torte

1 Nuß-Schokoladen-Rührteigboden, Seite 214. Den fertigen Boden mit einem Rand umstellen.
6 Blatt oder 1 Tütchen weiße Gelatine einweichen.
2 Becher Schmand o. Sauerrahm (zusammen 400ml)
1 Becher Joghurt (150ml) verrühren, mit Zitronensaft und Zucker abschmecken, mit der eingeweichten Gelatine nach Vorschrift binden. Wenn die Masse zu stocken beginnt, auf den Boden füllen. Im Kühlschrank absteifen lassen.
1 Glas Sauerkirschen abtropfen lassen.
1/4 l Kirschsaft mit 1 Tütchen Tortenguß binden, etwas abkühlen lassen, die kalten Kirschen unterheben und auf der Schmandfüllung verteilen.

Orangen - Sahne - Torte

Mürbeteig von 50g Puderzucker
100g Butter, 150g Mehl, Vanillezucker und
1 Eigelb herstellen. Backzeit: 10 Min. bei 180°C.

Für den Biskuit:

4 Eier, 120g Zucker, 3 El kochendes Wasser,
80g Mehl, 40g Speisestärke, 1 P Vanillezucker.
25 Minuten bei 180-190° abbacken. Zubereitung siehe Seite 334.

Füllung:

Orangensahne, siehe Seite 151.

Zusammensetzen der Torte:

Den Mürbeteig mit Aprikosenkonfitüre bestreichen, dann mit einem Tortenring umstellen. Biskuitkuchen einmal durchschneiden, und 1 Scheibe Biskuit auf den Mürbeteig legen und die Orangensahne darauf geben. Zweite Biskuitscheibe auflegen.

Garnierung: 3 Blatt Gelatine in kaltem Wasser einweichen.

3 El Aprikosensaft mit so viel Orangensaft auffüllen, daß man 250ml erhält. Die aufgelöste Gelatine hinzugeben.

200g Sahne steif schlagen. Mit einem Teil davon die Tortenoberfläche bestreichen. Den Orangenguß über die Sahne ziehen. Erstarren lassen. Tortenring abnehmen und mit der restlichen Sahne den Rand bestreichen.

Abwandlungen:

Auf gleicher Weise kann die Torte mit den Füllungen, die auf Seite 152/153 angegeben sind, zubereitet werden.
Die Garnierung richtet sich nach der Füllung.
Zu Joghurt- und Bananen-Sahne paßt der angegebene Guß.

Biskuitrolle

Biskuit - Marzipan - Masse

Biskuitrollen, die eine Creme- oder Sahnefüllung erhalten sollen, backt man vorteilhaft mit Marzipan. Dieser Biskuit bleibt auch im kaltem Zustand rollfähig.

50g Marzipan - Rohmasse in kleine Stückchen schneiden, in eine Schüssel geben. Mit
5 El kochendem Wasser kurz verrühren.
5 Eigelb und
60 g Zucker zugeben und zu einer cremigen Masse verschlagen.
5 Eiklar mit 60g Zucker zu sehr steifem Schnee schlagen und auf die Eigelbmasse füllen.
120 g Mehl darüber sieben, sorgfältig unterheben.

Soll die Biskuitrolle eine Marmeladenfüllung erhalten, so kann die warme, noch elastische Platte sofort ihre Füllung erhalten, und auf die Zugabe von Marzipan kann verzichtet werden.

Tip:
Gibt man beim Schlagen des Eiklars 1-2 El Zitronensaft hinzu, so wird die Schaummasse stabiler.

Bei einer Schokorolle
gibt man auf 100g Mehl ½-1 Eßl Kakao zu, oder man setzt ein Päckchen Kakao-Puddingpulver ein und verringert die Mehlmenge um die gleiche Gewichtsmenge.

Abgebacken wird die Rolle
etwa 8-10 Min. bei 210° C.

Vom Biskuitteig bis zur fertigen Rolle

- Backblech mit Backpapier auslegen
- Biskuitteig auf das Backblech füllen und glattstreichen.
- Den Teig sehr genau backen! Bleibt der Kuchen zu lange im Ofen, wird er hart und bricht beim Rollen.
- <u>Garprobe:</u>
  Man prüft mit dem Fingerdruck. Die eingedrückten Stellen müssen sich zurückbilden.
- Ein Küchentuch oder Backpapier mit Zucker bestreuen, die gebackene Biskuitplatte darauf stürzen. Backpapier abziehen und mit Hilfe eines Küchentuches oder Backpapiers aufrollen.

Füllen mit Konfitüre

Will man die Biskuitrolle mit Konfitüre füllen, so kann diese direkt auf die heiße Biskuitplatte gestrichen werden.

- Papier abziehen
- Konfitüre umrühren, damit man eine geschmeidige Masse erhält, die sich gut verstreichen läßt. Aufstreichen.
- Die Enden der Schmalseiten etwas umbiegen und mit Hilfe des Küchentuchen zu einer Rolle wickeln.

Teige ohne Marzipan erfordern eine schnelle Arbeitsweise, da Biskuit beim Auskühlen unelastisch wird.

Füllen mit Sahne- oder einer Crememasse

Das Rezept „Biskuit-Marzipan-Masse" einsetzen. Die Platte bleibt in kaltem Zustand elastisch. Trotzdem rolle ich die Platte noch zusätzlich mit einem Tuch auf.

Hierfür wird das Küchentuch oder das Papier 10-20 cm über die Kuchenplatte geschlagen und mit dem Tuch aufgerollt.

Der Kuchen kann jetzt auskühlen und ist mit dem Tuch sehr gut zu transportieren.

Zum Füllen läßt sich der Biskuit ohne Schwierigkeiten wieder entrollen.
Die gewünschte Füllung, z. B. Fruchtsahne mit Gelatine angedickt, gibt man in geschmeidigem Zustand auf die Platte und verteilt sie darauf gleichmäßig.
Erst nachdem die Füllung vollständig erstarrt ist, wird die Platte zur Rolle aufgewickelt. Die Füllmasse kann sich beim Aufrollen nicht verschieben. Jedoch sollte die Füllmenge nicht zu reichlich bemessen sein. Besonders am Wickelanfang wenig Füllung auftragen.

Bei dünnen Füllungen, z. B. Konfitüre oder Buttercreme, kann der Biskuit von der Schmalseite aufgerollt werden.

Bei etwas üppigeren Sahnefüllungen rollt man den Biskuit besser von der längeren Seite auf. So hat man weniger Umdrehungen, die Rolle wird nicht so dick.

Roulade - gefüllt mit Herrensahne

1 Glas Preiselbeerkonfitüre
6 Blatt o. 1 Tütchen gemahlene Gelatine einweichen.

400ml Sahne mit 1 P. Vanillez. steif schlagen. Die Hälfte der Preiselbeerkonfitüre mit der aufgelösten Gelatine mischen. Die Sahne unterheben. Mit Kirschwasser abschmecken.
Herrensahne auf der Biskuitplatte verteilen. Am Wickelanfang sparsam auftragen, um das Rollen zu erleichtern. Die gewickelte Roulade mit Preiselbeerkonfitüre bepinseln. Mit einer Marzipandecke umhüllen und mit Kakao bestäuben. (Marzipandecke: Rohmarzipan mit 1 Eiweiß u. Puderzucker zu einer rollfähigen Masse verkneten. Auf " zu einer Decke ausrollen.)

Roulade mit Schokofüllung

Biskuitmasse – siehe Biskuitrolle Seite 108.

Geeignete Füllungen:

1. Feine Schokocreme Seite 149.
2. Pariser Creme Seite 150.
3. Schokoladen-Krokant-Füllung Seite 159
4. **Schokoladensahne**

300 g mit Minze gefüllte Schokolade stückeln
1/2 l Schlagsahne zugeben, aufkochen und über Nacht stehen lassen.
1 Glas Sauerkirschen abtropfen lassen, 20 Kirschen beiseite stellen.
Schokosahne mit Zucker und
1 P. Sahnesteif schlagen. 2/3 der Sahnemenge auf dem Biskuit verteilen, Kirschen darüber streuen. Biskuitplatte aufrollen.
Mit der restlichen Sahne bestreichen und mit Kirschen, Minzblättchen und After-Eight garnieren.

Zitronen - Roulade

Je nach Belieben eine helle oder eine Schoko-biskuitplatte einsetzen. Siehe Seite 108/109.

I. Zitronen - Buttercreme

Hierfür kann die gekochte (siehe Seite 148/149) oder die gestreckte Buttercreme (siehe Seite 143/144) eingesetzt werden. Bei der gestreckten kocht man zuerst eine Zitronencreme mit Wasser und 1 Eigelb.

II. Zitronen - Sahne - Füllung

6 Blatt weiße Gelatine einweichen und auflösen.
400 ml Sahne mit 75 g Puderzucker steif schlagen.
1 Gläschen Orangenlikör mit dem Saft von
2 Zitronen mischen. Aufgelöste Gelatine zugeben. Wenn diese Flüssigkeit zu stocken beginnt, unter die Sahne schlagen. Weitere Zubereitung siehe 111/112. Gefüllte Biskuitrollen können in Scheiben geschnitten, mit etwas Obst belegt u. mit einem Tortenguß überzogen werden.

Wickeltorte – mit Himbeersahne gefüllt

Für den Mürbeteigboden:

150 g Mehl, 100 g Butter, 50 g Puderzucker u.
1 P. Vanillezucker zu einem geschmeidigen Mürbeteig verarbeiten, auskühlen lassen.

Schokoladenbiskuitplatte:

Siehe hierzu „Biskuit - Marzipan - Masse, Schokorolle" Seite 108/109.

Den kaltgestellten Mürbeteig in einer 26 cm ⌀ - Form ca 15 Min. bei 190 - 200°C abbacken. Mit Konfitüre bestreichen.

Himbeersahne

200 g tiefgefrorene Himbeeren auftauen lassen, einige zum Verzieren zurücklassen, die übrigen mixen.

6 Blatt oder ein Tütchen gemahlene Gelatine einweichen und nach Vorschrift auflösen.

4 El Himbeergeist und
1/8 l Wein zu dem Himbeermus geben, mit Zucker abschmecken. Die aufgelöste Gelatine zugeben.
1/4 l Schlagsahne mit etwas Zucker steif schlagen. Sobald die Masse zu stocken beginnt, mit der Sahne vermischen.

Himbeersahne gleichmäßig auf der Biskuitplatte verteilen und erkalten lassen.

Zusammensetzen der Torte

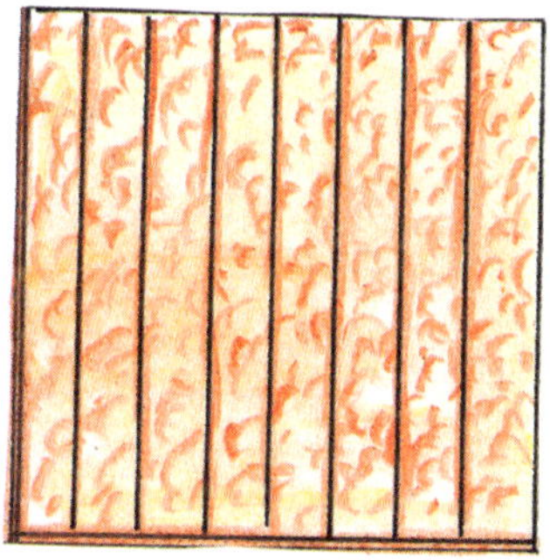

Die mit der Füllung bestrichene Biskuitplatte in 8 gleichmäßige Streifen schneiden. Danach kann sofort der erste Streifen zu einer Spirale gedreht und auf die Mitte des Mürbeteigbodens gesetzt werden.
Die weiteren Streifen werden angesetzt und nacheinander spiralförmig gewickelt.
Den Mürbeteigboden vor den letzten Rundungen mit einem Ring umstellen.
250 g Sahne mit etwas Zucker steif schlagen, die Oberfläche damit abdecken, Seiten bestreichen.
Mit Himbeeren und gerösteten Mandelblättchen verzieren.

Flocken - Sahnetorte

1 dünner Mürbeteigboden, siehe Seite 341.
1 Brandteiggrundrezept I, siehe Seite 124.
2 El Mandelblättchen,
3/4 Glas Preiselbeerkonfitüre.

Den Boden einer Springform mit Backpapier belegen. Von der Brandteigmasse 2 Böden abbacken.
Man kann die Teigmasse einfach auf den Boden streichen oder man spritzt den Teig in Form von Tupfen auf. Danach wird der Teig mit dem Springformrand umstellt.
Einer der beiden Böden wird vor dem Backen mit gehobelten Mandeln bestreut. Dieser Boden deckt später die Torte ab.

Den Backofen auf 230°C vorheizen, beim Einschieben auf 200°C zurückschalten und ca. 20 Min. backen.

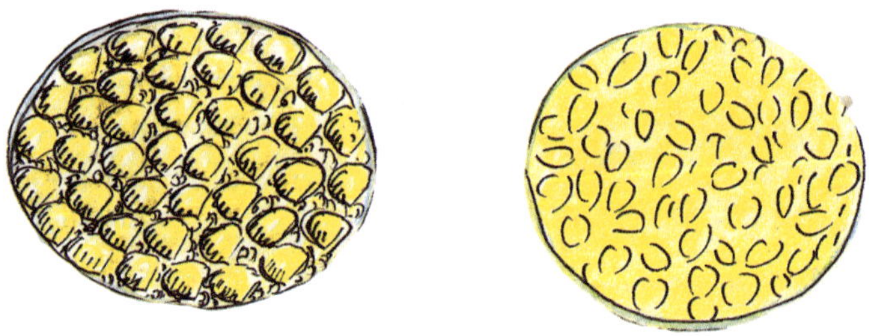

Füllung:

4 Blatt Gelatine in kaltem Wasser einweichen.
2 Eigelb mit 1/8 l Milch, 1 P. Vanillezucker
50 g Zucker unter Schlagen erhitzen, bis die Masse dicklich wird. Nicht zum Kochen bringen! Ausgedrückte Gelatine zufügen und unter Rühren auflösen.
2 El Rum unterrühren, abkühlen lassen.
250 g Sahne steif schlagen und unter die erkaltete Creme heben.

Zusammensetzen:

Den Mürbeteigboden mit Preiselbeerkonfitüre bestreichen, mit einem Tortenring umstellen.
1/3 der Sahnecreme auf dem Boden verteilen, einen Brandteigboden aufsetzen und andrücken.
Die Hälfte der noch vorhandenen Sahnecreme darauf verteilen. Mit einem Teelöffel zwei Ringe Preiselbeerkonfitüre auf die Sahne geben, restliche Sahne darüber geben und mit dem oberen Brandteigboden abdecken. In Stücke teilen und mit Puderzucker bestäuben.
1 - 2 Stunden kalt stellen.

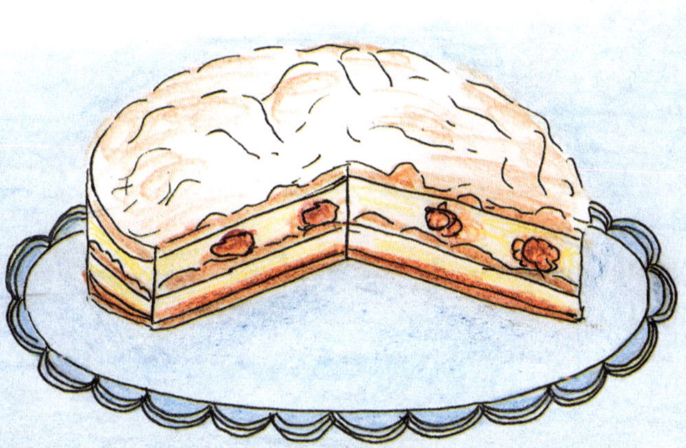

Für den Teilchenteller

I. Biskuitteilchen

Biskuitröllchen

Für die Biskuitmasse:

30g Marzipanrohmasse mit
3 El heißem Wasser verrühren.
3 Eigelb und
40g Zucker zufügen. Die Masse schaumig schlagen.
3 Eiklar mit 35g Zucker zu Schnee schlagen, auf die Eigelbmasse geben
75g Mehl darüber sieben, unterheben. Auf einem Backblech abbacken, ca. 8 Min. bei 200°C.

Für Schokoladenbiskuitteig:

1 Päckchen Schokoladenpuddingpulver mit so viel Mehl auffüllen, daß man 75g erhält.

Weitere Verarbeitung

Die Tischplatte mit etwas Zucker bestreuen, die gebackene Biskuitplatte darauf stürzen. Backtrennpapier abziehen.

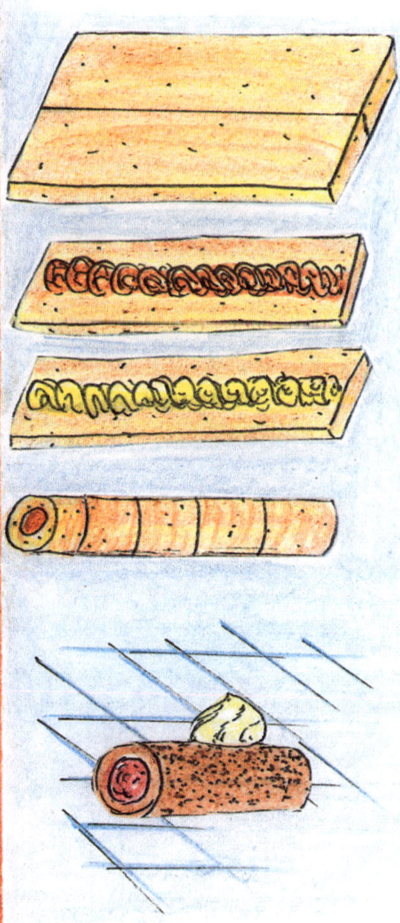

Die Biskuitplatte der Länge nach in der Mitte durchschneiden.

Die fertige, noch geschmeidige Füllung mit der Spritztülle auf die Mitte der beiden Hälften bringen. Die Füllung leicht erstarren lassen. Danach werden die Seiten über die Füllung geschlagen, so daß eine Rolle entsteht. Die Rolle mit der Ansatzstelle nach unten auf eine Platte legen. Gut auskühlen lassen, erst dann in Portionsstücke schneiden. Mit Puderzucker oder Kakao bestäuben. Je nach Belieben kann das Röllchen mit Sahne, Schokosplitter, Borkenschokolade o. einer halben kandierten Kirsche verziert werden.

Biskuitomelett

Eine Biskuitplatte backen.
Siehe Seite 108/109.

Rundungen von ca. 13 cm Durchmesser ausstechen, (z. B. mit Hilfe einer kleinen Schüssel.

6 Blatt Gelatine einweichen und auflösen.
2 Becher Zitronenjoghurt, a 150 g, in eine Schüssel geben. Gelatine lt. Anweisung zugeben.
250 g Sahne steif schlagen. Wenn der Joghurt zu stocken beginnt, Sahne unterheben. Die Joghurt-Sahne-Masse in einen Spritzbeutel füllen, eine Omeletthälfte bespritzen, die andere überklappen.
Je nach Belieben etwas Obst auf die Füllung legen.
Mit etwas Puderzucker bestäuben.

Sahneküsse

1 Biskuitplatte, Rezept siehe Seite 108/109

- Mit einem Glas runde Plätzchen von ca. 6 cm Durchmesser ausstechen. Jeweils 2 Plätzchen
- mit sehr dünn bestrichener Aprikosenmarmelade zusammensetzen.
- Eine Cremefüllung Ihrer Wahl herstellen.
- Den Rand der Doppelplätzchen mit etwas Creme bestreichen.
- Über ein Tellerchen mit goldgelb gerösteten Mandelblättchen rollen.
- Obstsahne auf die vorbereiteten Plätzen spritzen.
- Mit Obst garnieren. Obst mit Tortenguß oder heißem Gelee abglänzen. <u>Variation:</u> Statt des unteren Biskuitplätzchens Mürbeteig einsetzen. Oder Baumkuchentorte auf dem Blech abbacken, Plätzchen ausstechen.

Brandteig – Teilchen

Brandteig - Grundrezept I

1/4 l	Wasser
125 g	Butter
1 Pr	Salz
125 g	Mehl
3 - 4	Eier - je nach Größe.

Grundrezept II

1/4 l	Wasser
60 g	Butter
1 Pr	Salz
150 g	Mehl
3 - 4	Eier - je nach Größe.

Besonderheiten des Gebäcks

Brandteig ist geschmacklos.
besitzt einen großen Hohlraum,
jedoch keine Kruste.

Zubereitung

Schritt für Schritt

- Wasser, Fett und Salz in einem Topf zum Kochen bringen. Damit das Mengenverhältnis der Zutaten erhalten bleibt, darf die Wassermenge durch längeres Kochen nicht reduziert werden.
- Den Topf von der Herdstelle nehmen und das Mehl mit einem Schneebesen unterrühren.
- Den Topf wieder auf die Platte setzen und so lange rühren, bis am Topfboden ein weißer Belag entsteht und bis sich aus dem Teig ein Kloß gebildet hat.
- Ein ganzes Ei aufschlagen, zufügen und sofort verschlagen.
- Den Teig etwas abkühlen lassen.
- Die restlichen Eier aufschlagen und nach und nach mit dem Knethaken des Handrührgerätes unter den Teig schlagen. Das 4. Ei verquirlen und je nach Bedarf portionsweise zufügen.

  Die richtige Beschaffenheit ist erreicht, wenn der Teig in langen Spitzen vom Löffel fällt.

Backbleche: einfetten und mit Mehl bestäuben oder Backtrennpapier einsetzen.

Windbeutel

Den fertigen Brandteig, Grundrezept I, in etwa walnußgroße Teigmengen auf's Backblech setzen. Das kann sowohl mit Hilfe von 2 Teelöffeln erfolgen oder man nimmt dazu einen Spritzbeutel und Sterntülle zu Hilfe.

Abbacken:
Den Backofen auf 230°C vorheizen, das Blech einschieben und auf 200°C zurückschalten. Ca. 20 Min. backen.
Während der ersten 13-15 Min. darf der Backofen auf keinen Fall geöffnet werden. Das halbgegarte Gebäck könnte den Luftdruck nicht standhalten und würde fallen.
Nach dem Backen das obere Käppchen abschneiden. Wenn das fertige Gebäck nicht entlüften kann, fällt es zusammen. Mit Obst und Sahne füllen und mit Puderzucker bestäuben.

Liebesknochen oder Eclairs

Den fertigen Brandteig, Grundrezept I, in einen Spritzbeutel füllen und mit der Sterntülle Streifen von 8-10 cm Länge auf das vorbereitete Backblech spritzen.
2 Streifen werden dicht nebeneinander gespritzt und der 3. Streifen, ohne abzusetzen darüber gespritzt.

Den Backofen auf 220°C vorheizen und ca. 20 Minuten bei 200°C abbacken.
Nach dem Backen den oberen Streifen abschneiden, auskühlen lassen, erkaltet mit einfacher Schlagsahne oder Moccasahne füllen. Die Deckel mit Kakaoguß überziehen u. auf die Sahne setzen.

Brandteig - Schwäne

1 Brandteig-Grundrezept Nr. I

Die einzelnen Arbeitsschritte

- Den fertigen Teig in einen Spritzbeutel füllen. Im Vergleich zu den Windbeuteln ein wenig mehr Teig auf's Blech spritzen.

- Mit einer etwas kleineren Stern- oder Lochtülle ist die gleiche Anzahl Schwanenhälse in 2-Form zu spritzen.
  Backzeit: Im vorgeheizten Backofen 20 Minuten bei 200°C abbacken.

Die Schwanenhälse haben eine Garzeit von 12-15 Min.

- Sofort nach dem Backen ist bei den Windbeuteln der obere Deckel großzügig abzuschneiden, abdampfen und erkalten lassen.
- Inzwischen Obst vorbereiten und 1/4 l Sahne steif schlagen.

- In den unteren Teil des Gebäcks den Schwanenhals stellen, mit der Hand aufrecht halten und das vorbereitete Obst einfüllen.

- Schlagsahne über die Obstfüllung spritzen.

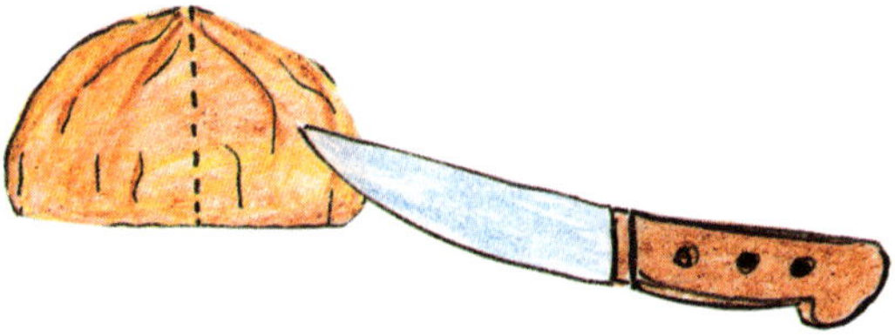

- Den Deckel halbieren und mit den frischen Schnittflächen so in die Füllung stecken, daß die gebackene, braune Seite nach außen zeigt.

- Schlagsahne zwischen die angesetzten Flügel spritzen.
- Mit reichlich Puderzucker bestäuben und auf auf einer Platte anrichten.

Obstfüllung:

Wahlweise können frische Erdbeeren, trockengetupfte gekochte Früchte oder mit Gelatine angedicktes Obst eingesetzt werden.

Mokkastangen

Brandteig:

siehe Grundrezept I Seite 124.
Weitere Verarbeitung siehe Liebesknochen S. 127
Nach dem Abbacken werden die Brandteigstangen nicht durehgeschnitten, sondern von unten werden mit einenem spitzen Messer ein paar kleine Löcher herausgehoben.
Durch die Löcher kann der Brandteig ausdampfen und nach dem Erkalten werden von hier aus die Stangen gefüllt. Beim Füllen wird die Tülle des gefüllten Spritbeutels am Loch angesetzt.

Füllung: Mokkabuttercreme

Siehe gestreckte Buttercreme, Grundrezept S. 143.
Dabei wird Kaffee-Extrakt, je nach Geschmack, mit der Milch erhitzt.

Nach dem Füllen wird die mittlere Stangenoberfläche mit einem Mokkazuckerguß und die Kanten mit Schokoladenkuvertüre bepinselt.

Große Künstler, einschließlich Hobbybäcker, sind die einzigen Reichen, welche ihr ganzes Glück mit uns teilen . . .

(A. von Pauly)

Keine Lust zum Backen?

Dann versuchen Sie es einmal mit Kuchen, die auf kaltem Wege zubereitet werden . . .

Obsttorte

200g Löffelbiskuits mit einem Teigroller zerdrücken, in eine Schüssel geben.
125g zerlassene Butter (keine Margarine!) zugeb.
100g gehackte, geröstete Mandeln untermischen. Die Masse in eine 26 cm Ø Springform füllen und fest andrücken.

Füllung: 6 Blatt Gelatine einweichen.
400g Doppelrahmfrischkäse, Saft u. Schale
1 Zitrone u. 30g Zucker verrühren, aufgelöste Gelatine unterrühren. Sobald die Masse zu stocken beginnt,
250ml steifgeschlagene Sahne unterheben. Füllung auf dem Tortenboden verteilen. Im Kühlschrank absteifen lassen.
Dann die Torte mit gut abgetropftem
Obst belegen – z. B. Beeren, Kirschen, Kiwi.
1/4 l Obstsaft mit 1 P. Tortenguß binden, etwas abgekühlt über das Obst ziehen.

Kokos - Torte

Ca 125 g 100 g	Kokosnußkekse zerkrümeln, mit weicher Butter zu einem Teig verarbeiten. In eine 24 cm-Ø-Form füllen und fest andrücken.
5-6	Blatt Gelatine einweichen und auflösen.
600 g	Doppelrahmfrischkäse
150 g	Joghurt, 3 El Rum
50 ml	Ananassaft, saft 1/2 Zitrone verrühren. Aufgelöste Gelatine unterrühren. Wenn die Masse zu stocken beginnt,
200 ml	steifgeschlagene Sahne unterheben. Auf den vorbereiteten Boden füllen und glattstreichen. Etwa 2-3 Stunden im Kühlschrank absteifen lassen.
3 El	Kokosraspeln leicht anrösten und abkühlen lassen. Torte mit vorbereiteten Früchten und Kokosraspeln garnieren. Je nach Belieben mit einem Guß überziehen.

Krümelkuchen mit Obstquark

Form: 24 cm ⌀

100 g Butter mit 80 g Zucker schaumig rühren.

300 g Butterkekse grob zerbröseln, mit
50 g gehackten, gerösteten Mandeln untermischen und in die mit Backpapier ausgelegte Springform füllen, glattstreichen. Kalt stellen.

500 g frisches Obst, wie Erdbeeren, Himbeeren, Waldbeeren oder Dosenobst abtropfen lassen und zerkleinern. Für die Dekoration etwas Obst zurücklassen.

4-5 Blatt Gelatine einweichen.

250 g Quark, 2 Päckchen Vannillezucker
1 Tl Zitronenschale verrühren. Die aufgelöste Gelatine unterrühren.

250 ml steifgeschlagene Sahne unterheben. Das vorbereitete Obst unter die Quarkmasse heben und alles auf den Keksboden verteilen. 2-3 Stdn. kühl stellen.

Die Oberfläche mit gerösteten, gehackten Mandeln bestreuen und mit Obst garnieren.

Aprikosen-Apfel-Torte

200 g Zwieback zerbröseln, mit
3 EL Zucker mischen.
80 g Butter zerlassen und unter die Zwiebackmischung rühren. In eine mit Backpapier ausgelegte Springform von 24 cm Ø füllen. Fest andrücken!
5-6 Blatt Gelatine in kaltem Wasser auflösen.
1 kl. Dose Aprikosenhälften abtropfen lassen. Davon 5 Hälften für die Verzierung beiseite stellen. Restl. Aprikosen ganz fein würfeln.
150-200 g Apfelmus zufügen, mit Aprikosensaft bis zu 300 ml auffüllen. Die aufgelöste Gelatine unterrühren.
250 ml Sahne steif schlagen. Mit Zucker und Vanillezucker abschmecken. 1/3 der Schlagsahne in einen Spritzbeutel mit Sterntülle füllen. Wenn die Fruchtmasse zu stocken beginnt, die restliche Sahne unterheben. Kühl stellen und fest werden lassen. Springformrand vorsichtig lösen. Tortenoberfläche mit gemahlenen Mandeln oder Nüssen oder Zwiebackbröseln bestreuen. Mit Sahne 12 Rosetten auf die Torte spritzen und mit Aprikosen garnieren.

Ananas – Torte

300 g Zwiebäcke zerbröseln, mit
100 g Zucker mischen.
120 g Butter zerlassen und unter die Zwieback-Mischung rühren. In eine Springform von 26 cm Ø füllen und fest andrücken. Kalt stellen.
6 Blatt Gelatine einweichen.
1 gr. Dose Ananas oder ca 400 g frische Ananas. Für die Garnitur 4 Scheiben beiseite legen. Den Rest in winzige Stückchen schneiden.
1 Zitrone – Saft und Schale zugeben.
600 g Philadelphia, 1 P. Vanillezucker und
150 g Joghurt verrühren. Ananasstückchen und die aufgelöste Gelatine unterrühren.
250 ml Sahne steif schlagen u. unter die Masse ziehen. Auf den Zwiebackboden füllen. Zurückgelegte Ananasscheiben vierteln. Die Torte damit rundherum belegen.
1 Zitrone auspressen, mit Ananassaft bis zu 1/4 l auffüllen und mit
1 P. klaren Tortenguß binden. Die Torte damit überziehen und mit gehackten Pistazien überstreuen.

Kakaocreme - Kuchen

„Kellerkuchen" oder „Kalter Hund"

6 El Zucker, 1 P. Va-Zucker, 1-2 El Kakao,
2 Eier, 1 Tl Instantkaffee mit
50g gemahlenen Mandeln mischen.
250g Palmin erhitzen und langsam unterrühren. Beim Füllen muß die Masse cremeartig sein. Ist sie zu flüssig sinkt sie nach unten. Man läßt sie noch ein wenig abkühlen, bis sie die richtige Beschaffenheit besitzt. Ist die Kakaomasse zu kalt und fest, werden die Kekse nicht mürbe genug.
1-2 Packungen Butterkekse.

Eine Kastenform mit Pergamentpapier auslegen, den Boden mit der Kakaomasse bedecken, mit Kekse abdecken, dann weiter im Wechsel die Form mit Cremenmasse und Keksen füllen. Nach dem Erkalten stürzen und mit abgezogenen Mandeln und Belegkirschen verzieren. Bei Zimmertemperatur schneiden.

Füllungen

Bei Torten kommt es auf die Füllung an. Sie soll gut schmecken, gut aussehen, gut harmonieren, schnittfest und standfest sein.
Nur eins darf sie nicht – sie darf nicht zu mächtig sein.
Laufend entstehen neue Füllungen, neue Torten, neue Namen. Der Phantasie sind keine Grenzen gesetzt.

Für dunkles Gebäck wählt man vorteilhaft rote oder weiße Füllungen.
Bei hellen Böden bilden Schokoladen-, Mocca- oder Nußfüllungen gute Kontraste.

Buttercreme

Grundrezept: Französische oder echte Buttercreme

3 Eigelb mit
75 g Zucker auf dem Wasserbad schaumig schlagen. Sobald die Creme anfängt dicklich zu werden, langsam die gewünschte Geschmackszutat hinzufügen.
Die Creme darf nicht kochen!
Unter mehrmaligem Rühren abkühlen lassen.
150 g Butter sahnig rühren, die gekühlte Eigelbcreme während des Rührens löffelweise zur Butter geben.
Besonders anfangs nur kleine Mengen einrühren.
Creme und Butter sollten die gleiche Temperatur haben. Die Butter darf nicht mit Margarine ausgetauscht werden!

Erweiterung des Grundrezeptes

1/8 l Sahne steif schlagen.
Mit dem Schneebesen löffelweise unter die fertige Buttercreme rühren.
Durch die Sahne wird die Buttercreme lockerer und ist nicht mehr ganz so mächtig.

Abänderung des Grundrezeptes durch geschmackgebende Zutaten

Vanille-Buttercreme

1 Tütchen Vanillezucker zur Eigelbcreme geben.
1/8 l Schlagsahne löffelweise unter die fertige Creme ziehen.

Zitronen-Buttercreme

4 El Zitronensaft und
2 Tl feingeriebene Zitronenschale zur Creme geben.
1/8 l Schlagsahne löffelweise unter die fertige Creme ziehen.

Schokoladen-Buttercreme

100 g Zartbitterschokolade oder 60 g Kuvertüre im Wasserbad schmelzen lassen, etwas abgekühlt zur Creme geben. 1/8 l Schlagsahne zufügen.

Mocca - Buttercreme

1 Portion oder 2 Tl Pulverkaffee in
1 El kochendem Wasser auflösen.
tropfenweise zur dicklichen
Eigelbmasse geben.
Etwas Schlagsahne zur fertigen
Creme geben.

Nougat - Buttercreme

Nougat erwärmen und zur
Eigelbmasse geben.
Nach Belieben Schlagsahne
unterziehen.

Buttercreme mit Alkohol

Ca 4 El Kirschwasser o. Himbeergeist
zur Eigelbmasse geben.
Je nach Wunsch etwas Schlagsahne unter die fertige Creme ziehen.

Buttercreme mit Früchten

Beeren pürieren.
Stets langsam und in kleinen
Mengen mit der Eigelbmasse
verrühren.
Nach Belieben Schlagsahne unter die fertige Creme ziehen.

Die Buttercreme kann außerdem mit geriebenen Mandeln oder Nüssen, weicher Marzipanrohmasse erweitert werden. Zum Schluß unter die fertige Masse rühren.

Gestreckte Buttercreme

Grundrezept

1/2 l Milch, davon etwas zum Anrühren abnehmen, mit

125 g Zucker zum Kochen bringen.

50 g Stärkemehl oder 1 Päckchen Vanillepuddingpulver anrühren, in die kochende Milch gießen und mehmals aufkochen lassen. Während des Abkühlens häufig umrühren, damit sich keine Haut bildet.
Creme und Butter müssen die gleiche Temperatur aufweisen. (Zimmertemperatur).

250 g Butter sahnig rühren. Löffelweise die erkaltete Creme zur Butter geben.

Schokoladen - Buttercreme

Statt 50g Stärkemehl 1 Päckchen Schokoladenpuddingpulver einsetzen.

Abänderungen der gestreckten Buttercreme

- Die gestreckte Buttercreme kann wie die echte oder französische Buttercreme durch geschmackgebende Zutaten abgeändert werden.
  Bei Verwendung von Kakao, Schokolade oder Kaffee- Extrakt werden diese Zutaten mit der Milch erhitzt.
- Die Buttercreme kann durch Hinzugabe von 1-2 Eigelbe verfeinert werden. Sie werden mit dem Puddingpulver angerührt und in die kochende Flüssigkeit eingerührt.
- Soll die Buttercreme eine längere Haltbarkeit aufweisen, ist statt Milch, Wasser einzusetzen. Hierbei kann auf Eigelb nicht verzichtet werden.
  (1/4 l Wasser = 1 Eigelb)
- Möchte man eine besonders feste Creme haben, so gibt man etwa 30g geschmolzenes Kokosfett tropfenweise zur schaumig gerührten Butter. Danach wird die gekochte, fast kalte Cremmemasse zuerst in ganz kleinen Mengen, dann löffelweise zur Butter gegeben und untergerührt.

Damit die Buttercreme nicht gerinnt

- Butter und Cremenmasse müssen die gleiche Temperatur aufweisen – etwa Zimmertemperatur.
- Anfangs nur geringe Mengen zur Butter geben, später kann die Creme löffelweise zugegeben werden.
- Mengenverhältnis beachten!
  1/4 Pfund Butter (125 g) kann nur bis zu 1/4 l Creme aufnehmen!

Hilfe! Die Buttercreme ist geronnen!

Nicht schön, aber auch kein Problem! Geben Sie 3-4 El heißes Plattenfett z. B. Palmin oder Butter (keine Margarine) unter Rühren zur Creme. Das heiße Fett wirkt sich sowohl günstig auf die Temperatur als auch auf das Mengenverhältnis aus.

Anwendung

Mit Buttercreme lassen sich Biskuit- und Lagentorten, Biskuitrollen, Moccastangen und Kleingebäck füllen!

Gestreckte Buttercreme –

Abänderungen des Grundrezeptes

Vanille-Mandelcreme (Abgeschlagene Creme)

1/4 l Milch
2 Eigelb, 125 g Zucker, 1 T. Vanillezucker
1 El Puddingpulver – alles zusammen auf dem Wasserbad oder Herdplatte schlagen, bis die Masse dicklich wird, kurz aufkochen lassen. Die Creme während des Abkühlens wiederholt umrühren.
125 g Butter schaumig rühren. Die abgekühlte Crememasse löffelweise unter Schlagen zugeben. Zum Schluß
100 g gemahlene Mandeln unter die Masse rühren.

Die Creme kann auch laut Grundrezept gekocht werden.

Nougat-Buttercreme

100 g Nougatmasse mit
20-30 g Plattenfett im heißen Wasserbad weichrühren, danach langsam unter die fertige Buttercreme rühren.

Die gekochte Buttercreme

Ihr Steckbrief:

- Feiner Geschmack
- Gut durchgezogen schmeckt der Kuchen mit ihr am besten - wenigstens 2 Tage.
- Lange Haltbarkeit - bei Kellertemperatur etwa 2 Wochen.
- Besonders geeignet zum Füllen von Schichttorten und Biskuitrollen, zum Bestreichen und Zusammensetzen von Kleingebäck.

Gekochte Zitronen-Buttercreme

3 Eier in einen Topf geben, mit
150 g Zucker, dem Saft von
2 kleinen Zitronen verrühren. Abgeriebene Schale
1 Zitrone zugeben
150 g Butter (keine Margarine) darin schmelzen lassen. Unter Rühren zum Kochen bringen. Dann von der Herdstelle nehmen. In abgekühltem Zustand ist die Creme dicklich.

Je nach Belieben kann eine Zitrone durch 1 kleine Orange ausgetauscht werden.

Zitronenbuttercreme mit Sahne

200 ml Sahne mit
1 Tütchen Sahnesteif schlagen und unter die abgekühlte Zitronenbuttercreme heben.

Die Haltbarkeit wird durch die Hinzugabe von Sahne beeinträchtigt. Ist die Buttercreme nicht fest genug, kann mit 2-3 Blatt Gelatine (Zubereitung nach Gebrauchsanleitung) nachgeholfen werden.

Feine Schokoladencreme:

300 g Blockschokolade kleinschneiden. Mit
150 ml Schlagsahne unter Rühren auflösen und aufkochen lassen. Die Masse schaumig rühren.
1½ Schnapsgläschen Grand Marnier oder Orangen- oder Aprikosenlikör zugeben. Erkalten lassen.
250 ml Schlagsahne steif schlagen. Schokoladencreme schlagen und die Schlagsahne unterheben.

Statt Blockschokolade kann halbbittere eingesetzt werden.

Pariser - Creme

1/4 l Sahne mit
1 aufgeschnittenen Vanilleschote oder
1 Tütchen Vanillezucker unter Rühren zum Kochen bringen.
150 g Kuvertüre „halbbitter" in Stückchen schneiden und in der heißen Sahne auflösen. 3 El Grand Manier zufügen. Die Creme kalt stellen und solange rühren, bis sie die richtige Beschaffenheit zum Füllen von Torten, zum Zusammensetzen oder zum Bepinseln von Kleingebäck erhält.

Füllungen mit Sahne und Gelatine

Orangensahne

6-7 Blatt Gelatine einweichen.
1 Eigelb mit
50g Zucker schaumig rühren, mit
1/4 l Orangensaft und
2 El Grand Manier oder Orangenlikör auffüllen und abschmecken.
Gelatine auflösen und nach Vorschrift zufügen.
250g Schlagsahne steif schlagen.
Wenn die Masse zu stocken beginnt, die Sahne unterheben.
Leicht angesteift zum Füllen einsetzen.

Früchte - Sahne

5 Blatt Gelatine einweichen.
200g Früchte pürieren - wahlweise Erdbeeren, Himbeeren, Preiselbeeren, Blaubeeren, Ananas, Pfirsiche, Bananen oder man setzt 200g Fruchtsaft ein.
Zucker nach Geschmack zufügen.
Gelatine ausdrücken und mit etwas heißem Wasser auflösen, unter die Masse rühren.
200g Sahne steif schlagen. Wenn die Masse zu stocken beginnt, die Sahne unterziehen.

Joghurt - Sahne

7 Blatt weiße Gelatine einweichen.
2 Eigelb mit
40g Zucker schaumig rühren.

300g	Joghurt mit der Eigelbmasse verrühren. Die aufgelöste Gelatine zufügen.
2	Eiweiß mit
40 g	Zucker zu Eischnee und
200g	Sahne steif schlagen. Wenn die Masse zu stocken beginnt, Eischnee und Sahne unterheben.

Bananen - Sahne mit Joghurt

6	Blatt Gelatine in kaltem Wasser einweichen.
5	Bananen mit
125g	Zucker und dem Saft
1	Zitrone pürieren. Aufgelöste Gelatine zum Bananenbrei geben.
150g	Joghurt einrühren. Wenn die Masse zu stocken beginnt
200g	steif geschlagene Sahne unterziehen.

Johannisbeer - Weißwein - Sahne

4 Blatt weiße und
3 Blatt rote Gelatine einweichen.
2 Eigelb mit
50g Zucker schaumig rühren.
200g Weißwein und
125g Johannisbeersaft zufügen und verrühren. Abschmecken. Aufgelöste Gelatine zugeben.
200g Sahne steif schlagen. Wenn die Masse zu stocken beginnt, Sahne unterheben.
Statt 200g können 250g Sahne eingesetzt werden.

Zitronen - Sahne

6-7 Blatt weiße Gelatine einweichen. Saft von
2 Zitronen mit Wein auffüllen, so daß man ein Gemisch von 250g erhält! Abschmecken. Aufgelöste Gelatine zugeben. Wenn die Masse zu stocken beginnt, 250g oder 200g steifgeschlagene Sahne unterziehen.

Joghurt - Obstsaft - Füllung

8 Blatt Gelatine in kaltem Wasser einweichen.
2 Eigelb mit
50 g Zucker schaumig rühren.
300 g Joghurt
125 g Mandarinensaft und Saft
1 Zitrone unter die Eigelbmasse rühren.
Gelatine ausdrücken in ein paar El heißes Wasser auflösen und mit der Masse verrühren.
2 Eiweiß mit 50 g Zucker zu Schnee schlagen. Wenn die Creme zu stocken beginnt, unterheben.

Mandarinensaft kann mit jedem anderen Obstsaft ausgetauscht werden.

Creme - Füllungen

Orangen - Creme

3 Blatt weiße Gelatine einweichen.

100 ml Wein, Saft von
2 Orangen, abgeriebene Schale von 1 Orange, Saft von
1 Zitrone und
2 El Zucker zum Kochen bringen.
2 Eigelb und
1 gehäuften El Vanillepuddingpulver mit wenig Wasser anrühren und in die heiße Flüssigkeit einrühren, kurz aufkochen lassen. Von der Herdplatte nehmen. Gelatine ausdrücken und zugeben. Im kaltem Wasserbad bei wiederholtem Umrühren erkalten lassen. Abschmecken.
250 g Sahne steif schlagen, unter die erkaltete Creme rühren.

Vanille-Creme

4 Bl. weiße Gelatine einweichen.
½ Päckchen Vanillepuddingpulver und
1 Eigelb mit ein wenig Milch anrühren.
250 g Milch
1 Prise Salz
60 g Zucker
1 Päckchen Vanillezucker und
30 g Butter zum Kochen bringen.
Mit dem angerührtem Puddingpulver binden. Eingeweichte, ausgedrückte Gelatine in die nicht mehr kochende Flüssigkeit geben. Während des Erkaltens häufig umrühren.
250 g Sahne steif schlagen und unter die erkaltete Creme ziehen.

Diese Vanillecreme läßt sich besonders gut zusammen mit Früchten als Füllung einsetzen.

Füllungen mit abgeschlagener Creme

So stark sollte die Flamme beim Abschlagen nicht sein!

Russischer Paschtza

6 Blatt Gelatine in kaltem Wasser einweichen.
2 Eigelb mit
70g Zucker verrühren, 1/8l Wasser zufügen. Unter Schlagen auf dem Herd oder im Wasserbad erhitzen. Die eingeweichte Gelatine ausdrücken und in die leicht abgekühlte Creme geben.
100g Butter mit 1 P. Va-Zucker schaumig rühren.
250g Quark zugebe und unterrühren.
250ml Schlagsahne mit etwas Zucker steif schlagen. Wenn die Masse zu stocken beginnt, die Sahne unterziehen.
50g Rosinen u. 100g gehackte Nüsse zugeben.

Schokoladen - Krokant - Füllung

5 Blatt Gelatine in kaltem Wasser einweichen.
3 Eigelb mit
50g Zucker unter Schlagen im heißen Wasserbad erhitzen. Nicht kochen! Ausgedrückte Gelatine darin auflösen. Je
2-3 El Rum und Kirschwasser zufügen.
40 g Schokolade „Zarbitter" oder Vollmilch in Stückchen brechen, in der Masse schmelzen lassen. Wenn die Masse zu stocken beginnt,
250g steifgeschlagene Sahne und
70g Nußkrokant unterrühren.

Vanille-Rum-Creme - abgeschl. Creme

5 Blatt Gelatine einweichen.
3 Eigelb und 60g Zucker schaumig rühren.
150ml Milch und 1 P. Va-Zucker zugeben. Unter Schlagen auf dem Herd erhitzen, bis die Masse anfängt, cremig zu werden. Nicht kochen! Ausgedrückte Gelatine darin auflösen. Mit
2-3 El Rum abschmecken. Wenn die Masse zu stocken beginnt,
250ml steifgeschlagene Sahne unterziehen.

Der Lehrling

Frei nach dem Zauberlehrling
von J. W. Goethe

Hat der alte Küchenmeister
sich doch einmal wegbegeben!
Und nun sollen seine Künste
auch nach meinem Willen leben!
Seine Wort und Werke
merkt ich und den Brauch,
und mit Geistesstärke
back ich Kuchen auch.

Walle, walle manche Zutat,
daß zum Zweck zusammenfließe
und zum Teige sich ergieße,
was zum Teig dazu gehört
und den Einklang auch nicht stört.

Seht, es fügt sich beieinander.
Jede Zutat fließt zum Teig.
Es verrührt sich miteinander,
bis der Teig ist sämig-weich.
In den Ofen nun, zum Ende.
Bleib dort, bis du braun und gut,
danach steigst du ganz behende
köstlich duftend aus der Glut.
Seht, ich schaff' es ohne Meister,
ohne Hilf' und fremde Geister,
ohne jede Zauberkur,
entscheidend nur, die Rezeptur.

II. Kapitel

Beliebte Kuchenangebote das Jahr hindurch . .

Zum neuen Jahr

Ein neues Jahr hat neue Pflichten
ein neuer Morgen ruft
zur frischen Tat.
Stets wünsche ich
ein fröhliches Verrichten
und Mut und Kraft
zur Arbeit früh und spat.
Goethe

Auf ein gesundes, friedvolles,
und erfolgreiches neues Jahr!

Man sollte im neuen Jahr
wenigstens so viel Zeit haben,
sich von Zeit zu Zeit
etwas Zeit
zum Backen zu nehmen...

Im Rhythmus unseres Jahreslaufs
gibt es so manchen guten Brauch.
Wenn kommt das neue Jahr heran,
schon fängt es mit dem Brauchtum an.
Wer möchte nicht die „Neujahrskuchen"
zu Neujahr wieder mal versuchen ...?

Gebacken wurden sie früher mit Omas altem Waffel-oder Eiserkucheneisen.

Der fertige Teig kam teelöffelweise auf das eingefettete untere Eisen, dann wurden die beiden Eisen zusammengepreßt.

Gebacken wurden die Eiserkuchen auf den glühenden Kohlen eines offenen Kamins. Einer mußte beim Backen den Teig einfüllen und die Kuchen aufrollen, der andere hielt das Eisen.

War das ein Spaß und Gekicher, wenn bei einigen Kuchen ein kleines Leinenläppchen mitgebacken wurde.

Mit Spannung verfolgten wir, wer von unseren Gästen am Neujahrstag einen Eiserkuchen mit zäher, ungenießbarer Mitte bekommen würde.
Meine Mutter erlaubte diesen Scherz tatsächlich nur zu Neujahr.

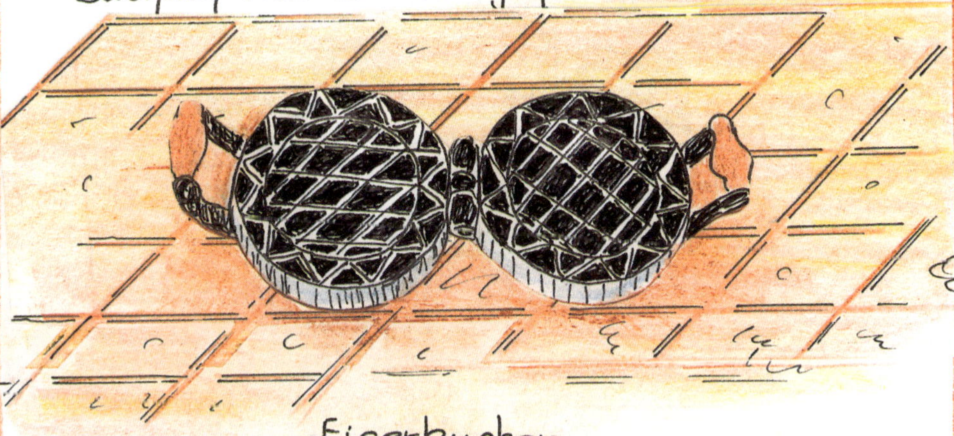

Eiserkuchen

- Das Einfetten der elektrischen Waffeleisen ist nur bei fettlosen oder fettarmen Teigen erforderlich.
- Man gibt in die Mitte des aufgeklappten Eisens 1-2 Teelöffel des flüssigen Teiges.
- Ist der Dampfprozeß zu Ende, kann der fertige Eiserkuchen herausgenommen werden.
- Sofort heiß aufrollen.
- Kurz auskühlen lassen und in gut verschließbaren Blechbüchsen aufbewahren.
- Läßt man sie länger liegen, werden sie zäh und lappig.

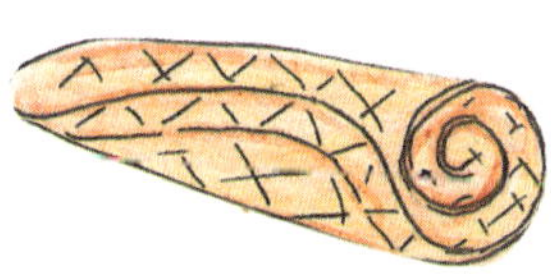

Eiserkuchen mit Anis und Zimt

250 g Zucker mit
125 g flüssige Butter gut verrühren.
2 Eier mit
1/4 l warmem Wasser verquirlen und abwechselnd mit
250 g gesiebtem Mehl zur Fett-Zucker-Masse geben. Mit
Anis und Zimt abschmecken. Den Teig ein paar Stunden ruhen lassen. Vor dem Backen gründlich umrühren. Probekuchen backen. Je nach Bedarf den Teig mit Wasser verdünnen. Die gebackenen Eiserkuchen sofort aufrollen, schräg in eine Schüssel stellen. Nach dem Erkalten sofort luftdicht verschließen.

Gefüllte Waffelhörnchen
oder Eiserkuchen

80 g Butter und
100 g Zucker schaumig rühren.
2 Eigelb, Va-Zucker und
1 Pr Salz zugeben, verrühren.
200 g Mehl, sieben, mit Zimt vermischen, löffelweise unter den Teig rühren.
3 Eiwei zu Schnee schlagen - darunter ziehen.

Diese Masse teelöffelweise in einem elektrischen Eiserkucheneisen backen, heiß zusammenrollen, in ein Kelchglas stellen, so daß sich die Eiserkuchen zu einer offenen Tüte formen. Die Tüten oder Hörnchen können mit einer Schokoladenglasur überzogen werden. Im Sommer sind sie, mit frischen gezuckerten Erdbeeren, Preiselbeersahne oder Speiseeis mit Sahne gefüllt, sowohl eine sehr beliebte Nachspeise als auch ein beliebtes Gebäck zum Nachmittagskaffee.

Herzchenwaffeln – frische Waffeln

Waffeln sehr fein

125g Butter, 6 Eigelb und
80g Zucker schaumig rühren.
125g Mehl, 1 Msp. Backpulver, 1 Pr. Salz mischen.
1/8l Sahne, 2 El Zitronensaft und
1 P Vanillezucker zugeben und zu einem glatten Teig verrühren. Zum Schluß
6 sehr steif geschlagene Eischnee unterheben.

Sofort im vorgeheizten Waffeleisen backen. So viel Teig auf das Waffeleisen geben, daß die Rillen bedeckt sind. Das Eisen sehr langsam schließen. Goldbraun backen. Mit Puderzucker bestäuben, mit heißen Kirschen u. Sahne servieren.

Sahnewaffeln

100 g	Butter
50 g	Zucker mit
3	Eigelb schaumig rühren.
200 g	Mehl abwechselnd mit
1/4 l	saurer Sahne und
5 El	Rum zum Teig geben.
3	Eiweiß zu steifem Schnee schlagen und vorsichtig unter die Masse heben.

Wird statt Rum Rum-Aroma eingesetzt, gibt man als Triebmittel 1 TL Backpulver zum Teig.

Weitere Verarbeitung siehe „Waffeln sehr fein."

Das Glück
ist ein Mosaikbild, das aus unscheinbaren Freuden zusammengesetzt ist.

D. Spitzer

Und naht heran die
Fastenacht,

Sieht man die Mutzenmandelnpracht.
Auch fettgebackenes Spritzgebäck
erfreut zur Fastnacht jeden Geck.

Fettgebackenes

Was wären die Brauchtumsfestlichkeiten ohne Fettgebäck?!

In allen Ländern Europas erfreut sich Fettgebäck größter Beliebtheit. Die absoluten „Stars“ dieser Gebäckart sind die „Berliner“. Name und Form dieses Hefegebäcks sind jedoch recht unterschiedlich. Man nennt sie sowohl Berliner Pfannkuchen, wie Faschingskrapfen, Braunschweiger Prilleken oder Kirchweihnudeln.
Schon seit Jahrhunderten erfreuen sich die „Berliner“ größter Popularität. Und wo heute Feste gefeiert werden, um Tradition und Brauchtum zu pflegen, sind die „Berliner“ immer dabei.

Grundregeln für die Herstellung von Fettgebäck

Fettgebackenes ist Gebäck, das in schwimmendem Fett ausgebacken wird.
Die Teigart kann aus Hefeteig, Brandteig, Backpulverteig, Mürbeteig oder Nudelteig bestehen.

- Nur Fette mit einem hohen Qualmpunkt verwenden! (Plattenfette)
- Nicht verschiedene Fette mischen! Sie beschleunigen den Fettverderb!
- Nie frisches und gebrauchtes Fett mischen. Es erfolgt keine Auffrischung des Fettes, sondern das frische Fett verdirbt schnell.
- Da das Ausbackfett relativ häufig gewechselt werden muß, ist die Herstellung des Fettgebäcks nicht ganz billig.

Die Verwendungshäufigkeit hängt von der Dauer der Erhitzungen ab! Häufiger als 4-5 mal sollte das Fett nicht eingesetzt werden.

- Überhitztes und zu oft erhitztes Fett ist gesundheitsschädlich, da sich das Fett durch Erhitzen zersetzt.
- Fett, das nur 1-2 mal kurz eingesetzt wurde, kann zum Braten u. Schmoren weiter verwendet werden.
- Fett nach jedem Gebrauch reinigen, Speisereste beschleunigen den Fettverderb.
- Überhitztes Fett fängt leicht Feuer! Nie mit Wasser löschen! Fett ist leichter als Wasser – brennendes Fett schwimmt auf dem Wasser. Immer mit einem Deckel die Flammen ersticken.

Ausbacken

- Fett langsam erhitzen, schlelles Erhitzen beschleunigt den Verderb.
- Nur bei richtigen Temperaturen erfolgt ein gleichmäßiges Garen und Bräunen. Bei zu niedrigen Temperaturen saugt sich das Gebäck mit Fett voll. Bei zu hohen Temperaturen wird es von außen dunkel und innen nicht gar.
- Nicht zu viel Speisen auf einmal ins Fettbad geben! Das Fett kann überschäumen.
- Das Gebäck vorsichtig mit einem Schaumlöffel einlegen.
- Wird auf Vorrat gebacken, wird das Gebäck, kaum, daß es ausgekühlt ist, verpackt und eingefroren. Ungezuckertes Fettgebäck läßt sich 4 Wochen tiefgefroren aufbewahren.
- Vor dem Verzehr Gebäck bei Zimmertemperatur auftauen lassen, dann im vorgeheizten Backofen bei 180°C kurz aufbacken.

Mutzen – ein typises Karnevals- und Silvestergebäck

60g Butter in einen Topf geben und zerlassen,
50g Zucker, 1 El Rum und
1 Ei damit verrühren.
250g Mehl in eine Schüssel geben, eine Vertiefung hineindrücken, die verrührten Zutaten und
5 EL Milch und 1 P Salz hinzufügen.
Alle Zutaten zu einem Knetteig verarbeiten. 1/2 Stunde ruhen lassen.

Etwa 3mm dick ausrollen. Mit dem Teigrädchen 8cm große Romben ausrädeln.
Im Fettbad goldbraun backen, mit dem Schaumlöffel auf ein Kuchengitter legen, mit Puderzucker bestäuben.

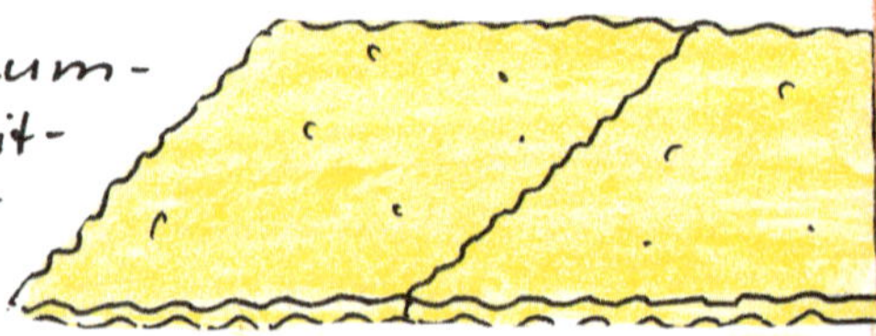

Mutzenmandeln

Für den Mürbeteig:

500 g Mehl
125 g gemahlene Mandeln,
abgeriebene Schale
1/2 Zitrone, 1 Pr Zimt
1 P Salz, 1 El Rum
100 g Butter, 3 Eier
125 g Puderzucker.

Mit einem Teel. kleine mandelförmige Portionen abstechen. In heißem Fettbad goldbraun bakken, mit einem Schaumlöffel herausnehmen auf Kuchengitter legen, noch warm mit Puderzucker besieben.

Fettgebackenes Spritzgebäck oder Eberswalder Kränzchen

Brandteig:

1/4 l Wasser, 50g Butter, 1 Pr. Salz
150g Mehl, 4 Eier.

Aus diesen Zutaten einen Brandteig herstellen. siehe Zubereitung Seite 124. Fettbad erhitzen.
Mit einer großen Spritztülle kleine doppelte Kränze – Durchmesser etwa 6–7cm – auf ein gefettetes Pergamentpapier spritzen. Die Teigkränze sofort mit der Oberseite nach unten ins heiße Fett gleiten lassen. 3 Minuten den Topf schließen, wenden, hellbraun backen. Noch warm mit Zitronen- oder Rumglasur überziehen.

Brandteig - Krapfen

Brandteig nach dem nebenstehenden, einfachen Grundrezept herstellen.
Mit einem Teelöffel werden Teigportionen abgestochen, mit einem 2. Teelöffel schiebt man den Teig vorsichtig ins siedende Fett.
Zum Abstechen den Löffel kurz im heißen Fett halten, damit sich der Teig besser löst.
Weitere Verarbeitung wie „Eberswalder-Kränzchen". Die fertigen Krapfen mit Puderzucker bestäuben.

Quarkkrapfen

50 g Butter und 50 g Zucker schaumig rühren
5 El Rum, 2 Eier und
250 g trockenen Quark durch ein Sieb streichen, zugeben und gut verrühren.
125 g Rosinen und
125 g Mehl zufügen.
Mit einem heißen Löffel Teigportionen abstechen und ca. 10-12 Min. backen, mit Puderzucker besieben. Nach Belieben den Puderzucker mit etwas Zimt mischen.
Sie müssen frisch gegessen werden.

Berliner Ballen

500 g Mehl, 30 g Hefe
1/8 l Milch, 2 Eier
50 g Zucker, 50 g Fett
1 Tl Salz.

Die Zutaten nach Vorschrift zu einem Hefeteig verarbeiten. Siehe Seite 360.
Der fertige Teig wird zu einer rechteckigen, 1/2 cm dicken Platte ausgerollt.
Auf der einen Hälfte der Teigplatte werden mit einem Wasserglas Kreise markiert. Auf die Kreismitte gibt man etwas feste Marmelade. Ringsherum wird die Kreisfläche mit Milch oder Wasser bestrichen.
Die 2. Hälfte der Teigplatte wird über die gefüllten Kreise geschlagen. Den Teig etwas andrücken, so daß die Marmeladen-

erhöhungen sichtbar werden. Die Kreise werden ausgestochen und auf eine bemehlte Unterlage gelegt. Die aufgegangenen Ballen werden mit der obenliegenden, also aufgegangenen Seite, ins heiße (180°C) Fettbad gegeben.
Topf zudecken, nach 3-5 Min. wenden, weitere 3 Minuten garen lassen. Die fertigen Ballen legt man zum Abtropfen auf ein Gitter und wälzt sie dann in Zucker.

Variation:

Die Oberseite mit einer Zuckerglasur versehen. Wahlweise können zudem gehackte Mandeln, eine Zimt-Zuckermischung oder Liebesperlen darüber gestreut werden.

Ölkrapfen

Den Hefeteig mit 150g Rosinen durchkneten. Nach dem der Teig gut aufgegangen ist, taucht man einen Löffel ins heiße Fettbad, sticht vom Teig runde Bällchen ab und läßt sie ca. 5-6 Minuten im Fettbad hellbraun backen. Nach dem Backen abtropfen lassen und in Zucker wenden.

Ballhäutchen

Für den Rührteig:

80 g	Butter und
75 g	Zucker schaumig rühren.
1 El	Zitronensaft und die abgeriebene Schale
1/2	Zitrone zufügen.
400 g	Mehl mit 1 Pr. Salz und
1/2 P	Backpulver mischen. Im Wechel mit
4	Eiern unter den Teig rühren.
	2 Teelöffel kurz ins heiße Fett tauchen und damit vom Teig kleine Bällchen abstechen, ins heiße Fett gleiten lassen und in etwa 5-6 Minuten goldbraun backen. Mit dem Schaumlöffel herausheben und auf ein Gitter legen. Sofort mit einer
Zimt-	Zucker-Mischung besieben.

Immer die kleinen
Freuden aufpicken,
bis das große Glück kommt,
Und wenn es nicht kommt,
dann hat man wenigstens
die kleinen Glücke gehabt.
Fontane

Osterzeit . . .

Kommt näher dann die Osterzeit,
die Hausfrau macht sich gern bereit,
Häschen, Eier, Zuckersachen,
zu backen und zurechtzumachen.
Und so sprach die Frau Mama:
Die Osterferien sind jetzt da.
"Das Osterfest kommt schnell heran.
Jeder schaffe, was er kann.
Und wir erwarten zu dem Feste,
auch noch ein paar liebe Gäste.
Sie freu'n sich schon auf's Wiedersehn,
doch nun heißt's an die Arbeit geh'n!"

Osterhase

Für den Rührteig:

2 Eier.
75 g Butter u. 75 g Zucker schaumig rühren.
100 g Mehl mit 1 TL Backpulver mischen. Im Wechsel mit den Eiern unter die Butter-Zuckermischung rühren.
1 TL Kakao und
75 g gemahlene Haselnüsse mit dem Teig verrühren.

Die Hasenform besonders sorgfältig ausfetten und mit Paniermehl ausstreuen.

Im vorgeheizten Backofen ca. 60 Min. bei 190°C backen.
Mit Schokoladenglasur überziehen, Mandeln als Augen einsetzen, den Fuß mit Pistazien bestreuen.

Anregungen fürs Hasenschablonen ...

Die Hasenfamilie

Für den Biskuitteig:

6 Eier
300g Zucker
6El heißes Wasser
300g Mehl

Zubereitung siehe Grundrezept Seite 334. Backblech mit Backpapier auslegen.
Den fertigen Teig gleichmäßig auf dem Backblech verteilen.
Im vorgeheizten Backofen 12-15 Min. bei 210 °C abbacken. Die Biskuitplatte nach dem Backen stürzen, Papier abziehen und wieder umdrehen, so daß beim Erkalten die glatte Seite wieder oben liegt.

Anregungen für Schablonen

Schablonen herstellen

Die Köpfe oder den Hasen auf die Biskuitplatte legen und ausschneiden.
Die Figuren je nach Belieben mit weißem, rotem, hell- und dunkelbraunem Guß bepinseln.
Roter Guß läßt sich mit ein wenig roter Speisefarbe herstellen.
Zum weiteren Garnieren können Schokoladen- und bunte Zuckerstreusel, Schmarties, Mandeln, Rosinen oder Nüsse eingesetzt werden.

Mit Hilfe von Zuckerguß lassen sich die Figuren auf eine feste Unterlage kleben.
Ihrer Phantasie sind keine Grenzen gesetzt.

Osterbrot

500 g Mehl – 3/4 der Mehlmenge in eine Schüssel geben und eine Vertiefung in die Mitte drücken.
50 g Hefe mit 1/2 Tl Zucker und
1/8 l warme Milch verrühren, in die Vertiefung geben. Den Vorteig zugedeckt etwa 15 – 20 Min. an einem warmen Ort gehen lassen.
200 g Butter schmelzen lassen, mit
1 P Vanillezucker, 1/2 Tl Salz
1/2 Tl gemahlenes Kardamon verrühren und zum Vorteig und dem Mehl geben. Die Zutaten zu einem lockeren Hefeteig schlagen.
100 g gehackte Mandeln
100 g gehackte Nüsse

100 g	Zitronat	
1/2	Zitrone, Schale und Saft	
300 g	Rosinen unter den Teig mengen, mit dem restlichen Mehl verkneten und den Teig zugedeckt weitere 40 Minuten gehen lassen.	

Den Teig nochmals durchkneten in eine gut ausgefettete Kastenform füllen oder zu einem länglichen Brotlaib formen und auf ein gefettetes Backblech legen. Zugedeckt 15 Minuten gehen lassen. Das gut aufgegangene Brot 65 - 70 Min im vorgeheizten Backofen bei ca 220° C backen. Kastenform untere Schiene, Brotlaib 2. Schine von unten. Brot auf ein Gitter stürzen und auskühlen lassen.

Osterbrötchen

Aus dem gleichen Teig können Osterbrötchen gebacken werden.
Der fertige Hefeteig wird zu einer dicken Rolle geformt, davon werden Teigstücke von ca. 40-50 g abgeschnitten, mit der Handfläche zu einer Kugel gerollt u. auf ein gefettetes Backblech gelegt. Man drückt sie etwas breit und läßt sie 15 Min. gehen. Vor dem Backen bestreicht man sie mit Eigelb, läßt dieses etwas trocknen und pinselt eine 2. Eigelbschicht darüber und bestreut sie mit Hagelzucker. Brötchen ca. 25 - 30 Min. bei 220° C backen.

Hefezopf mit Eiern

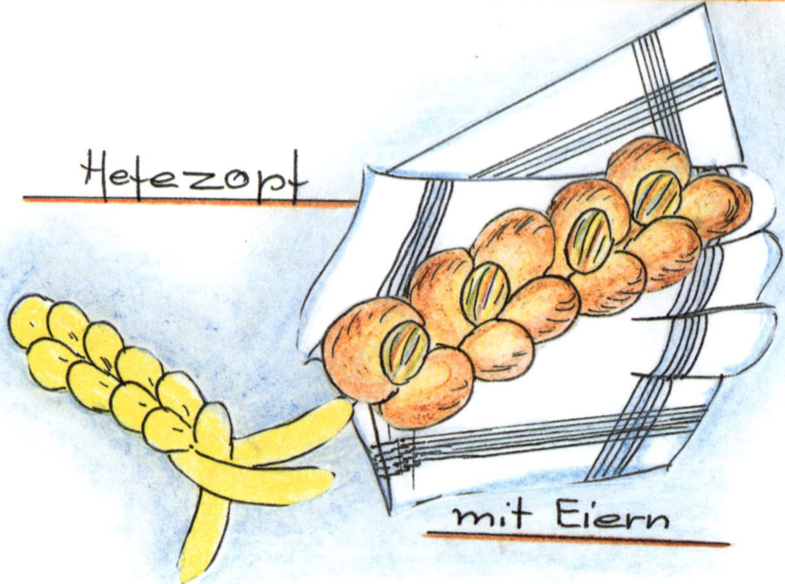

500g Mehl, 1/2 Tl Salz
35-40g Hefe, 1/4 l warmes Wasser.
100g Zucker, 1 P. Vanillezucker
75g Butter
200g Rosinen, 50 g Zitronat.

Zubereitung siehe Grundrezept Hefeteig & Seite 359.

Den Teig nach dem Aufgehen in 3 gleich große Portionen teilen und daraus 3 gleichmäßig dicke Stränge rollen. Hieraus einen Zopf flechten und auf ein vorbereitetes Backblech legen. Danach werden in gleichmäßigen Abständen ausgeblasene, von außen eingefettete Eischalen in den Teig gedrückt. Diese werden nach dem Backen herausgenommen und durch Schokoladeneier ersetzt. Backzeit: ca. 45 Min. bei 210°C. Nach dem Backen mit einer Zuckerglasur überziehen.

Osterkranz

Aus dem gleichen Teig kann der Osterkranz hergestellt werden.

Der fertig gearbeitete Hefezopf wird kreisrund zusammengefügt und an den Enden gut verschlossen.

Soll der Kranz höher werden, wird ein zweiter Kranz darauf gelegt. Der obere Kranz muß etwas kleiner sein und wird mit dünneren Teigsträngen geflochten. Der untere Kranz wird mit Milch oder Wasser bestrichen, bevor der kleinere Kranz aufgesetzt wird. Danach wird der obere Kranz mit Milch bestrichen und mit einem Gemisch von
50g Mandelstiften, 50g Zucker u. 3 EL Rum bestreut. Backzeit 45–50 Min. bei 200–210°C.
Nach dem Backen mit Puderzucker bestäuben.

Österliche Torten

Ob man für seine Ostertorte einen Biskuit- oder Sandteigboden herstellt und ob man diesen mit Sahne, Buttercreme oder Obst füllt, ist nicht entscheidend. Worauf es ankommt, ist das äußere Bild, ist die Dekoration.
Durch helle Frühlingsfarben und Symbole, die an die österliche Zeit erinnern, erhält die Torte einen österlichen Charakter.
Die Auswahl, die uns der Markt an süßen Eiern, Osterhasen und Häschen, an Hühnchen, Hähnchen, Küken, Marzipanobst und Marzipangemüse bietet, ist riesengroß.
Mit etwas Phantasie kann damit eine feine Ostertorte dekoriert werden.

Anregungen für Dekorationen

Für Marzipanliebhaber

Den fertigen Kuchen von allen Seiten bestreichen.
400 g Marzipanrohmasse mit ca.
400 g Puderzucker zu einer geschmeidigen Masse verkneten und auf Puderzucker ausrollen. Davon 2 Marzipandecken in Größe der Kuchenoberfläche ausschneiden. Die erste Decke auf die bestrichene Tortenoberfläche legen. Ein zwei cm breiter Rand rundherum mit etwas Wasser einpinseln.
Die 2. Platte auf eine glatte Unterfläche legen und je nach Tortengröße 12, 16 oder 18 Stücke markieren. Die Stücke von der Mitte aus, bis 3-4 cm vom Rand entfernt, einschneiden. Mit Hilfe der Unterlage auf den Kuchen schieben. Die eingeschnittenen Marzipanstücke von innen nach außen aufrollen. Entweder die Kuchenmitte oder die Rollen mit Kuvertüre bestreichen.

Süße Eier in die Tortenmitte legen.

Anregungen zum Dekorieren von österlichen Torten.

Den gefüllten Kuchen mit Sahne bestreichen und in der Kuchenmitte einen Kreis markieren und diesen mit gehobelter Schokolade belegen. Ostereier darauf legen. Sahnetupfer auf den Deckenrand spritzen. Den Kuchenrand mit Krokant bestreuen.

Die Mitte mit gehobelter Schokolade belegen. Auf den Deckenrand Sahne- oder Cremetupfer setzen. Mit Ostereiern garnieren.

Den ganzen Kuchen mit Aprikosenmarmelade, Creme oder Sahne bestreichen. Die Torte mit einer Marzipandecke umhüllen. Marzipanteilchen oder andere Süßigkeiten mit Zuckerguß darauf befestigen.

Aprikosenkuchen

Für den Krümelteig

300 g Mehl, 200 g Butter (keine Margarine)
100 g Zucker, 2 Tl Backpulver
1 Ei.

Alle Zutaten mischen und mit den Händen zu einer krümeligen Masse verarbeiten. 2/3 des Teiges in eine gefettete Springform füllen. Den Teig am Boden leicht andrücken.

2 kleine Dosen Aprikosen abtropfen lassen. Die Früchte auf dem Krümelboden verteilen.
300 ml Obstsaft mit
2 El Speisestärke andicken und über die Aprikosen geben. Die restlichen Krümeln mit
100 g gehackten Mandeln mischen und über die Früchte geben.

Backzeit: ca 50 Min. bei 200°C - untere Backschiene. Den Kuchen mit Sahne servieren.

Osternestchen pikant

Hefeteig:

500 g Weizenmehl, 30 g Hefe
1/8 - 1/4 l Milch, 30 g Butter, 1/2 TL Salz

Zubereitung siehe Hefeteig Seite 360/61.

Bevor die restliche Mehlmenge bei der Teigbereitung untergeknetet wird, gibt man folgende Zutaten zum Teig:

125 g gekochten Schinken würfeln
125 g getrockneten Schinken oder Dauerwurst
2 gewürfelte, goldgelb geschmorte Zwiebeln.

Den fertigen Teig 1½ cm dick ausrollen, Streifen schneiden, leicht glattrollen u. jeweils 2 Stränge lose umeinanderschlingen und zum Kränzchen zusammenlegen.

Etwas Pergamentpapier zerknüllen, mit Alufolie umhüllen. Diese geformte Ei in die Mitte setzen und erst nach dem Abbacken entfernen.

Backzeit: 15-20 Minuten bei 220°C.

Ich hab' doch nichts so lieb, so lieb
wie Dich mein Mütterlein!
Drum back ich auch zum Muttertag
die feinsten Spezerei'n.

Ich backe Dir ein dickes Herz,
und hoff, daß es gefällt –
für's allerbeste Mütterlein
auf weiter, weiter Welt.

Biskuitherz

Ein Backblech mit Backtrennpapier auslegen.
6 ganze Eier, 4 El heißes Wasser.
180g Zucker
200g Mehl - Stärkegemisch
1 El Rum.

Zubereitung siehe seite 334, Zubereitungsart A. Teig auf dem Backblech verteilen. Im vorgeheizten Backofen ca. 15 Min. bei 210°C abbacken. Auskühlen lassen.

Aus Papier eine Herzschablone herstellen, auf die ausgekühlte Biskuitplatte legen und 2 o 3 gleichgroße Herzen ausschneiden.

Mit Buttercreme füllen. Siehe Seite 143 bis 145.

Den Herzrand mit Crememasse bestreichen.

Wahlweise Krokant, Schokoladenstreusel oder geröstete Mandelblätter auf einen flachen

Teller legen.
Das Kuchenherz zwischen beide Hände nehmen, und mit dem Cremerand auf die Streumasse stoßen, bis der ganze Rand umhüllt ist. Danach das Herz auf eine Tortenplatte legen. Die Oberseite mit Creme bestreichen und mit Streuselmasse bestreuen.
Je nach Belieben kann die Oberfläche auch mit Schokoladenkuvertüre überzogen werden.
Sollten 2 Biskuitscheiben zu dünn sein, kann das Herz natürlich auch mit 3 oder 4 Biskuitplatten zubereitet werden.
Das mit Streusel versehene Kuchenherz kann zusätzlich mit Cremetupfer und Cocktailkirschen oder Schokoladenblätter oder mit Marzipan garniert werden.

Abänderung:

Aus der Biskuitplatte können auch 4 Rechtecke ausgeschnitten und gefüllt werden. Man erhält so die Form eines Kastenkuchens.

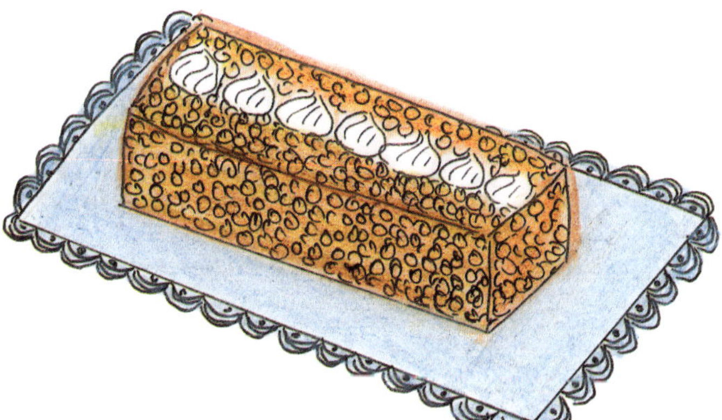

Im Mai und Juni, oh pardon,
Straßenfeste haben Hochsaison.
Man feiert sie neu in jedem Jahr.
Und wieder ist's die Frauenschar,
die zum Backen aufgerufen,
um zu spenden feinste Kuchen.
Auf den Kuchenbuffets an allen
Orten,
stehen dann fruchtige, cremige, sah-
nige Torten.
Das Angebot ist grenzenlos.
Die Freude ist bei allen groß.

Das Kuchenbuffet

Es sind keineswegs nur die Straßenfeste, bei denen man dem Kuchenbuffet größte Wertschätzung entgegenbringt.

Für Anlässe, die man festlich begehen möchte, ist das Kuchenbuffet ideal.
Kuchenbuffets sind auch im familieren Bereich eine zeitgemäße Art der Gästebewirtung.
Bei Festen, die im größeren gesellschaftlichen Rahmen stattfinden, lassen sich alle Bewirtungsprobleme spielend lösen.
Bei kleineren, weniger offiziellen Anlässen, kann die Bewirtung der Gäste meist ohne Fremdhilfe durchgeführt werden.

Die Auswahl der Kuchen

Hat man für eine kleine Kaffeetafel zu backen, so muß der individuelle Geschmack der Gäste berücksichtigt werden. Was nützt z. B. die dickste schönste und leckerste Buttercremetorte, wenn die Gäste grundsätzlich Cremetorten ablehnen?!

Das Kuchenbuffet ist dagegen in der Menge und im Angebot unabhängiger. Damit es für alle ein Erfolg wird, muß es abwechslungsreich sein, sowohl in Form, Farbe und Geschmack.
Das ist nicht schwer, wenn bei der Planung ein paar Grundsätze beachtet werden.

1. Das Angebot sollte trockene, fruchtige und sahnige oder cremige Kuchen enthalten!

Meistens ist damit die Frage nach den verschiedenen Teigarten und Formen schon gelöst.
Die trockenen Kuchen
sind durchweg Sandteigmassen, die in Kranz-, Kasten- oder Rehrücken-formen abgebacken werden und meistens einen dunklen Guß aufweisen.

Fruchtige Kuchen

werden gewöhnlich aus Mürbe-, Rühr-, Strudel- oder auch aus Hefeteigen hergestellt. Hierfür wählt man fast immer eine runde Form. Das im Kuchen enthaltene Obst ist in der Regel sichtbar.

Sahnige- und cremige Kuchen,

das sind Torten, Rollen und Teilchen. Hergestellt werden sie aus Biskuit-, Brand-, Blätter-, Mürbe- und Sandteigen. Gefüllt werden sie mit Sahne, den verschiedensten Crememassen, Konfitüren und Obst.
Sie können als runde Torten oder Törtchen, als Windbeutel und Cremeschnitten, als Biskuitrollen und Biskuitscheiben zubereitet werden.

2. Auch die Platzierung ist wichtig

Damit die Kuchentafel hübsch und reizvoll aussieht, muß das Gebäck so platziert werden, daß die verschiedenen Farben und Formen am besten zur Geltung kommen.

so können z. B. rote Erdbeertörtchen vor einer weißen Sahnetorte ihre volle Leuchtkraft entfalten, und das Gelb eines Pfirsichbodens wird strahlender, wenn er neben einem mit Schokolade überzogenem Kuchen steht. Jede Farbe gewinnt oder verliert durch die benachbarte Farbe an Ausdruckskraft.
Einen weiteren Kontrast erzielt man, wenn runde Tortenplatten neben ovalen oder eckigen Teilchenplatten angeordnet werden.

Um dem Buffettisch einen Blickfang zu geben, kann eine besonders reizvoll verzierte Torte den Mittelpunkt bilden. Von beiden Seiten dieses Blickfangs aus, wird das übrige Gebäck angeordnet. Sektschalen, mit Schlagsahne gefüllt, können das Gesamtbild abrunden.

Hilfe!

Ich schaff die

Arbeit nicht!

Wenn eine größere Gesellschaft zum Nachmittagskaffee erwartet wird, kann einem buchstäblich vorher die Arbeit über den „Kopf wachsen", wenn, ja wenn man die falsche Kuchenauswahl trifft und sich die Arbeit nicht richtig einteilt.

1. Trockene Kuchenböden lassen sich ohne nennenswerte Qualitätsverluste 1 oder 2 Wochen einfrieren.
   Die Arbeit des Backens läßt sich also vorverlegen. 2 Tage vor dem Verzehr werden die Böden aus dem Gefriergerät genommen und am folgenden Tag zu Torten gefüllt und garniert.
2. Kuchen auswählen, die ihren vollen Geschmack erst nach mehreren Tagen entwickelt haben. Dazu zählen z. B.
   Rührkuchen aus Sandmassen – ungefüllt oder mit einer gekochten Buttercreme oder feinen Schokoladencreme gefüllt.
   Eine Umhüllung aus einer Marzipandecke oder einer Glasur schützt vor dem Austrocknen. Das gleiche gilt für Biskuitrollen. Entsprechend gefüllt und umhüllt lassen sie sich durchaus mehrere Tage bei Kellertemperatur frisch halten.
3. Keine Kuchen einplanen, die am Festtag selbst zubereitet werden müssen. Die Zeit reicht meist gerade noch aus, um ein paar Sahnetupfer zu spritzen.

4. Man bittet einen Gast oder mehrere Gäste, (Hobbybäcker), als Gastgeschenk einen Kuchen mitzubringen.

5. Wenn Zeit und Lust immer noch nicht reichen, bestellt man am besten die fehlenden Kuchen oder Gebäckplatten beim Konditor. Das ist immer noch besser als gestreßt die Gäste zu empfangen. Und es muß ja auch nicht nur Selbstgebackenes sein.

Es folgt die schöne Sommerzeit

Die Beeren werden süß und reif
Erdbeer-, Himbeer-, Blaubeertorten
Sind beliebt an allen Orten.
Diese fruchtigen Kuchen zu versuchen,
Stellt sich jeder gerne ein.
Selbstgebacken?
Oh, wie fein!

Fruchtige Kuchen

kommen immer an . . .

Saftige Früchte in Rühr- und Mürbeteig

Für einen Obstkuchen rechnet man ca. 1000g Früchte.
Je nach Obstart werden die Früchte vorbereitet.
Frisches Obst wie Äpfel, Birnen, Zwetschen und Rhabarber werden oft vorgedünstet.
Je nach Belieben werden hierfür die Früchte vor dem Dünsten mit Zitronensaft oder Wein gemischt.
Mit der Hinzugabe von 40g Butter, 50g Zucker und 1 Beutel Mandelblättchen läßt sich der Geschmack verbessern.
Sollte sich zuviel Saft gebildet haben, schüttet man die Früchte auf ein Sieb u. läßt sie abtropfen.
Stein- und Beerenobst braucht (außer Stachelbeeren) nicht vorgegart werden.

Rührteig - Obst - Kuchen

Das Rezept läßt sich auf mehrere Obstarten übertragen.

200 g Butter, 200 g Zucker, 4 Eier, Saft ½ Zitrone
200 g Mehl, 100 g Stärkemehl, ½ P. Backp.
Die Zutaten der Reihe nach zu einem Rührteig verarbeiten. 3/4 der Teigmenge in die Form füllen. Mit
2-3 El Semmelmehl bestreuen. Vorbereitetes
Obst z. B. 1 glas abgetropfte Sauerkirschen darauf verteilen
300 ml Obstsaft mit 2 El Stärkemehl binden u. über das Obst geben. Den restlichen Rührteig auf die Obstmasse füllen. Glattstreichen, am besten mit einem Löffel, der vorher in kochendes Wasser getaucht wurde. Ca 50 Min. bei 190° C abbacken. Siehe hierzu Rezept: „Feiner Kirschkuchen" Seite 104 / 105.

Wichtig! „Kuchen mit angedickten Fruchtsäften, muß man in der Form erkalten lassen!

Mürbeteig - Obst - Kuchen

Vergleichbar mit dem Rührteig läßt sich auch beim Mürbeteig

1 Rezept auf mehrere Obstarten übertragen.

Werden die Zutaten in Form von Teigkrümeln zusammengehalten, so ist die Zubereitung des Kuchens noch einfacher und geht noch schneller.

Siehe hierzu das Rezept „Aprikosenkuchen" auf Seite 193.

Obsttorten

Man nehme:

Einen Tortenboden, eine Füllung und Obst oder Obst und Belag, setzt alles fein säuberlich aufeinander und schon ist die schmackhafteste und schönste Obsttorte fertig.

Obst und Obstböden lassen sich je nach Belieben variieren. Werden diese beiden Faktoren farblich und geschmacklich aufeinander abgestimmt, wird die Obsttorte immer ein Erfolg.

Gute Kontraste bilden z. B. dunkle Böden mit hellem Obst und helle Böden mit farbkräftigem Obst.
Zu süßen Baiserboden wählt man vorteilhaft saures Obst wie Stachelbeeren, Sauerkirschen, Johannisbeeren, Rhabarber.

Beispiele für beliebte Obstböden

abgebacken in einer Springform Ø 26 cm

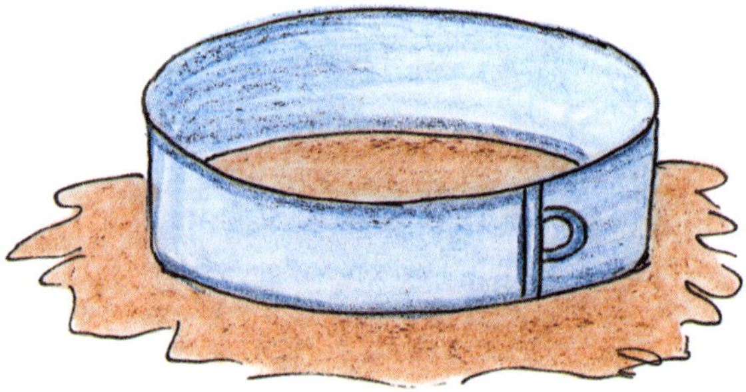

1. Biskuitboden

3 ganze Eier mit 1 P. Va-Zucker, 1 El Rum,
90 g Zucker schaumig schlagen.
90 g Mehl-Stärkegemisch (60 g Mehl + 30 g Stärke) über die cremige Eimasse sieben.
Die Zutaten mit einem Schneebesen locker mischen.
Im vorgeheizten Backofen ca. 20 - 25 Min. bei 175 - 180 °C backen

2 Mürbeteig mit Doppelrahmfrischkäse

125g Butter, 65g Doppelrahmfrischkäse
65g Zucker, 1 Päckchen Vanillezucker mit dem Schneebesen des Handrührgerätes gut mischen.
200g Mehl und 1 Msp. Backpulver zugeben, mischen und mit den Händen schnell durchkneten. 1 Stunde kalt lagern.
Dieser Teig ist etwas elastischer als der übliche Mürbeteig und läßt sich besonders gut ausrollen.
Weitere Mürbeteigböden siehe Seite 217 u. 342
Ca. 20-30 Min. bei 190 °C backen.

3. Mandelboden

100g Butter
100g Zucker
1 Ei schaumig rühren
100g Mehl u. 1 Tl Backpulver unterrühren.
Zum Schluß
100g gemahlene Mandeln oder gehackte Mandeln zugeben.
Den Teig in eine Form geben und flach drücken, mit einem Löffel, den man vorher in kochendes Wasser taucht, gleichmäßig auf den ganzen Springform verteilen. Etwa 20 Min. bei 180°C backen.
Dieser Boden harmoniert mit allen Obstarten.

4. Nuß-Schokoladen-Rührteigboden

120 g Butter, 60 g Zucker, 1 P. Va-Zucker
3 Eigelb, 100 g gemahlene Nüsse,
2-3 EL Zwiebackbrösel, 2 EL Rum,
50 g Mehl mit ½ P. Backpulver mischen.
50 g geschabte Blockscholade. Alle Zutaten nacheinander verrühren.
3 Eiklar mit 60 g Zucker steif schlagen, unter den Teig heben. Ca. 30 Min. bei 180 °C backen.

Der Boden paßt sehr gut zu Birnen, Ananas, Mandarinen, Kiwi, Pfirsiche, Sauerkirschen.

5. Nuß-Baiserboden

4 Eiweiß mit 160 g Zucker und
3 EL Zitronensaft zu einer Baisermasse schlagen, siehe Seite 375.
200 g gemahlene Nüsse und
50 g geraspelte Blockschokolade zugeben Ca. 25-30 Min. bei 175 °C backen.

Der Boden paßt besonders gut zu saurem Obst – Stachelbeeren, Rhabarber, Sauerkirschen, aber auch zu Ananas.

6. Nuß-Rührteigboden

150 g Butter, 150 g Zucker, 3 Eier
75 g Mehl, 1 TL Backpulver, je nach Geschmack
1 TL Zimt, 150 g gemahlene Nüsse.
Aus den Zutaten einen Rührteig herstellen. Ca. 25-30 Min. bei 175-180 °C abbacken. Die Teigmenge ist für die 28 cm Ⓞ-Form richtig. Für die 26 cm-Form reicht etwa ¾ der Teigmenge.

7. Zwieback-Boden

75 g Butter, 75 g Zucker mit
3 Eigelb schaumig rühren.
½ P Backpulver mit 1 Eßl Mehl mischen dann zu
100 g Zwiebackbrösel geben, mischen und mit
1 EL Rum zum Teig geben und verrühren.
3 Eiweiß mit 1–2 EL Zucker sehr steif schlagen und unter den Teig ziehen.

Bei 180° C ca. 20–25 Min. backen.
Der Boden bleibt besonders lange frisch und paßt zu allen Obstarten.
Übrigens – die trockenen Böden lassen sich gut einfrieren.

Creme- und Obstfüllungen …

Da die Tortenböden, wenn sie in einer Springform abgebacken werden, keinen Rand besitzen, müssen sie vor dem Füllen mit einem Rand umstellt werden. Wird der Rand später entfernt, so sieht der Kuchenrand sehr sauber aus und braucht nicht zusätzlich mit Sahne oder Creme bestrichen werden.

Die Füllung kann sowohl aus Sahne, wie aus einer Crememasse bestehen.
Angebote für Füllungen finden Sie auf den Seiten 151 - 160.
Die vorbereiteten Früchte, bzw. Fruchtstücke, können natürlich auch mit der fertigen Füllung vermischt werden.
Der Phantasie sind beim Füllen keine Grenzen gesetzt.

Anregungen:

- Gebackener Boden - schnittfeste Sahne - oder Cremefüllung (ohne oder mit Frachteinlagen) - angedicktes Obst - Sahnetupfer.

- Gebackener Boden - frisches oder mit Saft angedicktes Obst - überzogen mit steifgeschlagener Sahne - den Sahnerand mit gehackten Pistazien bestreut.

Wichtig!
Frisches Obst, besonders die Kiwi, enthält zelleigene Enzyme. Sie können eine Gelatinecreme wieder verflüssigen. Kiwischeiben also nicht mit Gelatine angedicktem Fruchtsaft, sondern mit heißem Tortenguß abdecken.
Nun wünsche ich Ihnen viel Erfolg beim Experimentieren u. entwickeln von neuen Rezepten!

Erdbeerböden mit und ohne Rand

Ca. 750 g frische Erdbeeren putzen.

Mürbeteigboden ohne Rand:
65 g Puderzucker, 130 g Butter, 1 Eigelb, 200 g Mehl, 1 Msp. Backpulver verkneten. Backzeit: ca. 25 Min. bei 190 – 200 °C.

Mürbeteigboden mit Rand:
80 g Zucker, 1 P. Va-Zucker, 160 g Butter 1 - 2 Eigelb oder 1 ganzes Ei, 240 g Mehl, 1 Msp. Backpulver. Backzeit 25 - 30 Min. bei 190 - 200 °C.
Mürbeteigzubereitung siehe Seite 343.

Die vorbereiteten Erdbeeren auf einen Mürbeteigboden verteilen. 1/4 l Erdbeersaft oder verdünnten Erdbeersirup mit 1 P. Tortenguß binden und über die Erdbeeren ziehen. Mit Sahne servieren.

Erdbeertorte

4 Blatt weiße Gelatine einweichen.
500g frische Erdbeeren putzen.

Mürbeteigboden - siehe 217.

Für die Creme:

300ml Milch, davon etwas zum Anrühren von
1/2 P. Puddingpulver abnehmen, mit
1 Eigelb verrühren. Die restliche Milch mit
70 g Zucker, 30 g Butter und 1 Pr. Salz zum Kochen bringen, mit dem angerührten Puddingpulver binden. Von der Herdstelle nehmen. Danach die ausgedrückte Gelatine unterrühren. Während des Erkaltens wiederholt umrühren.
250ml steifgeschlagene Sahne unter die kalte Creme ziehen. Mürbeteigboden mit einem Ring umstellen. Creme einfüllen, kalt stellen. Mit Erdbeeren belegen.
1/4 l Zuckerwasser - Zitronensaftgemisch mit
1 P. Tortenguß binden u. über die Erdbeeren ziehen.

Erdbeer - Sahne - Torte

1 dünner Mürbeteigboden, siehe Seite 341.
1 Biskuitboden von 3 Eiern, siehe Grundrezepte Seite 331. Ca. 20 Min. bei 180-190°C backen. Auskühlen lassen.
Biskuitboden 1 X durchschneiden.
Mürbeteigboden mit Konfitüre bestreichen.
Eine Biskuitscheibe auflegen, mit einem Rand umstellen.

Füllung:

6 Blatt oder 1 Tütchen Gelatine einweichen.
400 g Erdbeeren klein schneiden, mixen, mit
3 EL Himbeergeist verrühren.
2 ganze Eier mit
100 g Zucker schaumig schlagen u. auf dem Wasserbad erhitzen. Vom Herd nehmen. Eingeweichte Gelatine unterrühren. Erdbeermix zugeben. Wenn die Masse zu stocken beginnt,
250 ml steifgeschlagene Sahne unterheben, in die Kuchenform füllen. 2. Biskuitscheibe auflegen. Evtl. mit etwas Sahne bestreichen. Mit
a. 750 g Erdbeeren belegen. 1/4 l Saft (Erdbeersirup oder Zitronenwasser) mit
1 P. Tortenguß binden u. über die Erdbeeren ziehen.

Beerentorte

1 Mandelboden, siehe Seite 213.
Auskühlen lassen. Boden mit einem Ring umstellen.

4 Blatt Gelatine einweichen, auflösen.

250 ml Sahne steif schlagen. Aufgelöste Gelatine mit etwas Sahne verrühren, abkühlen lassen, dann zur Sahne geben.

2-3 El gehackte Pistazien unterrühren. Wenn die Masse zu stocken beginnt auf den Tortenboden füllen. Kalt stellen.

500 g frisches oder gefrorenes Beerenobst vorbereiten und auf die Sahnemasse geben

1/4 l Johannisbeersaft mit

1 Tütchen Tortenguß binden und über das Obst ziehen.

Möchte man „Rote Grütze“ einsetzen, wird diese mit Gelatine gebunden. Die Torte mit Minze verzieren.

Johannisbeertorte mit Mandelbaiser

500g rote Johannisbeeren waschen, abtropfen lassen, mit Küchenkrepp trockentupfen.

Für den Rührteig:

125g Butter, 125g Zucker, 4 Eigelb, 1 P. Vanillez.,
150g Mehl, 1 TL Backpulver, 3 El Milch.
Den Rührteig in eine vorbereitete Springform füllen. Den Teig mit
2 El Semmelmehl bestreuen.

Für die Mandel-Baisermasse:

4 Eiweiß mit
200g Puderzucker zu einer Baisermasse schlagen.
150g gehobelte Mandeln unterheben und mit den Johannisbeeren mischen.

Die Baisermasse über die Sandmasse füllen.
Backzeit: etwa 60 Min. bei 170-180°C.

Himbeertorte, marmorierte

Tortenboden Ihrer Wahl. Siehe hierzu auf den Seiten 214/215, Boden Nr. 5, 4 oder 7.

Joghurtcreme:

12 Blatt oder 2 P. weiße Gelatine einweichen.
3 Becher Joghurt (a. 150 g) mit Schale u. Saft
1 Zitrone und 200 g Zucker verrühren. Aufgelöste Gelatine zugeben. Wenn die Masse zu stocken beginnt,
1/2 l geschlagene Sahne unterziehen.

Himbeerschaum: 5 Blatt rote Gelatine einweichen.
500 g frische oder tiefgefrorene Himbeeren, (letztere etwas antauen lassen), mit dem Saft
1/2 Zitrone und 100 g Zucker pürieren. 400 ml Fruchtmus abmessen. Aufgelöste Gelatine zugeben.

Zusammensetzen der Torte:
Tortenboden mit einem Rand umstellen. Joghurtmasse darauf füllen, Fruchtmasse darüber geben. Mit einer Gabel, ähnlich wie beim Marmorkuchen, darunterziehen. Über Nacht absteifen lassen.

Himbeer-Sahne-Torte

1 dünner Mürbeteigboden – siehe Seite 341.

1 Biskuitboden von 2 Eiern herstellen – siehe Seite 331, Tabelle Grundrezept I, Zubereitung Seite 334. Bei 180°C ca. 15 Min. backen.

Mürbeteigboden mit Konfitüre bestreichen, Biskuitscheibe auflegen, mit einem Rand umstellen.

Füllung:

6 Blatt oder 1 Tütchen weiße Gelatine einweichen.

300g Himbeeren pürieren. Mit etwas Zucker und Himbeergeist abschmecken. Die aufgelöste Gelatine mit dem Himbeerpüree mischen.

250ml Sahne mit 50g Zucker steif schlagen. Wenn das Püree zu stocken beginnt, mit der Sahne mischen und auf den Biskuitboden füllen.

Belag:

3-4 Blatt rote Gelanine einweichen, auflösen u. mit

250-300ml verdünntem Himbeersirup mischen. Wenn die Masse zu stocken beginnt etwa

500g frische oder tiefgefrorene Himbeeren zugeben, vermischen und auf die Himbeersahne füllen. Vor dem Verzehr absteifen lassen.

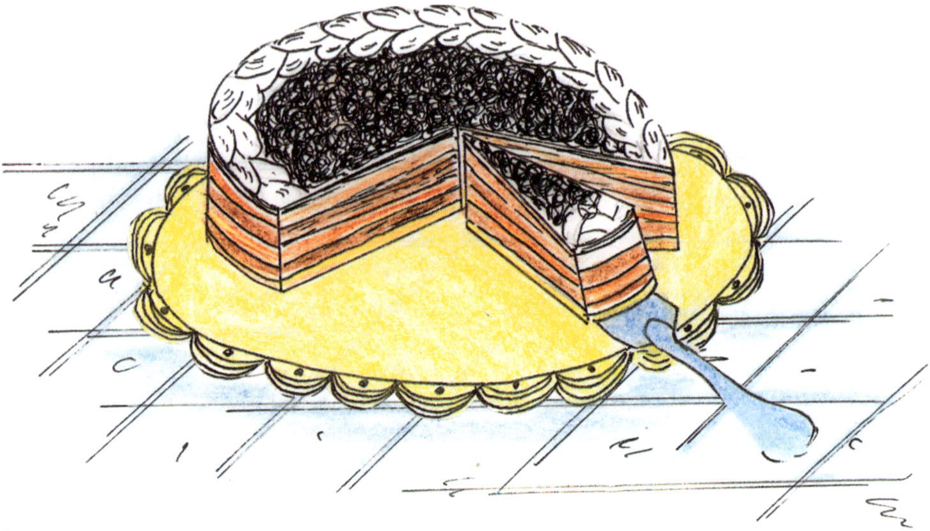

Blaubeer - Joghurt - Torte

Formengröße: 28cm ⌀.

Mürbeteigboden:

150g Mehl, 100g Butter, 50g Puderzucker, 1 Päckch. Vanillezucker – Zubereitung siehe 343.

Schokoladenbiskuit:

4 ganze Eier mit 120g Zucker mit 4 El heißem Wasser und 1 P. Va-Zucker cremig schlagen.
1 Tütchen Schokoladenpuddingpulver mit Mehl bis zu 120g auffüllen und darüber sieben, mit einem Schneebesen locker unterheben.
Im vorgeheizten Backofen 20-30 Minuten bei 190° C backen.
Gut auskühlen lassen, 1X durchschneiden.
Den Mürbeteigboden mit Preiselbeermarmelade bestreichen und 1 Biskuitscheibe auflegen. Den Kuchen mit einem Rand umstellen. Danach die Blaubeerfüllung zubereiten.

9 Blatt Gelatine in kaltem Wasser einweichen.
1 Glas Blaubeeren abtropfen lassen.
300 ml Vollmilchjoghurt, die halbe Blaubeermenge,
150 ml Blaubeersaft,
1–2 El Zucker und Saft
½ Zitrone verrühren.
Gelatine auflösen und unterziehen.
250 ml Sahne mit
1 P Va-Zucker steif schlagen. Wenn die Masse zu stocken beginnt, Sahne unterziehen.
Die Joghurtmasse zur Hälfte auf den Boden füllen.
Die zweite Biskuitscheibe auflegen und die restliche Füllung darauf verteilen.
¼ l Blaubeersaft und die restlichen Blaubeeren mit
3 Blatt Gelatine nach Packungsangaben binden, über die Füllung geben und mit Schlagsahne verzieren.

Rhabarberkuchen mit Makronenmasse

Für den Rührteig:

200 g Butter, 100 g Zucker, 1 P. Va-Zucker,
4-5 Eigelb, ca **4-6** El Milch
300 g Mehl, 1/2 P. Backpulver.
Den Rührteig auf ein vorbereitetes Backblech streichen. Ca 4-5 El Zwiebackbrösel darüber streuen. 700 g Rhabarber auf 1 cm Länge schneiden.
5 Eiweiß mit
200 g Zucker und 3 El Zitronensaft zu einer Baisermasse schlagen.
150 g gehackte Mandeln und den Rhabarber unterheben. Die Masse auf den Teig streichen.
Im vorgeh. Backofen bei 180-190 °C etwa 50-60 Min. backen.

Rhabarberkuchen mit Butterkeksen

Für den Öl-Rührteig:

4 Eier, 220g Zucker, 1 Va-Zucker
80ml Öl und 130ml Wasser etwa 3 Minuten mit dem Schneebesen des Handrührgerätes schaumig rühren.
300g Mehl und 3 TL Backpulver mischen und mit dem Teig verrühren. Auf ein mit Backpapier ausgelegtes Backblech streichen. Ca 20 Min. bei 175°C backen.
1 Kg Rhabarber putzen, schneiden, in wenig Wasser dünsten, süßen und mit Stärkemehl oder Tortenguß binden. Auf der erkalteten Kuchenplatte verteilen.
2 Becher Sahne steif schlagen u. darüber streichen.
1 Paket Butterkekse darüber legen. Mit Zuckerglasur, Zitronengeschmack, darüber streichen.

Preiselbeer-Sahne-Torte

100g Butter mit 50g Zucker und
3 Eigelb schaumig rühren.
120g gemahlene Nüsse, 1 El Kakao, 2 El Rum
100g Mehl und 1 Tl Backpulver zugeben, verrühren.
3 Eiklar mit 50g Zucker steif schlagen, zum Schluß unterheben.

Backzeit: 30-40 Min. bei 190°C.
Auskühlen lassen, mit einem Rand umstellen.

250g Sahne mit Sahnesteif sehr steif schlagen.
100g Preiselbeeren unterheben, auf den Tortenboden füllen. Je nach Belieben mit geraspelter Schokolade bestreuen. Vor dem Verzehr ein paar Stunden kühl stellen.

Abänderung:

Den Boden mit Sauerkirschen belegen, mit angedicktem Fruchtsaft überziehen, mit Sahne bestreichen u. Schokolade bestreuen.

Stachelbeertorte

Für 2 dünne Mürbeteigböden:

400g Mehl, 260g Butter, 130g Puderzucker,
2 P. Vanillezucker, 1 Ei, 1 Msp. Backpulver.
Backzeit: Ca. 20 Min. bei 190°C.

Den 1. Boden zerbröckeln und mit
1 El Butter, 1 El Zucker und
100g Mandelblättchen leicht rösten.
1 Glas Stachelbeeren auf ein Sieb schütten.
1/2 l Saft mit 2 Tütchen Tortenguß binden. Mit den Stachelbeeren mischen, abkühlen lassen.
250g Sahne mit Sahnesteif und Zucker schlagen.

Zusammensetzen:

Mürbeteigboden auf eine Platte legen, mit einem Rand umstellen. 1/2 Tütchen Sahnesteif auf den Boden streuen. Darauf folgen nacheinander: der abgekühlte Stachelbeerbrei, die Hälfte der Schlagsahne, 3/4 der Krümelmenge, danach die restliche Sahne und die restlichen Krümeln.

Stachelbeertorte mit Likördecke

Einen Biskuit aus
3 Eiern, 125g Zucker, 3 EL kochendem Wasser,
30g Mehl, 1 Msp. Backpulver, 100g gemahlenen u.
50g gehackten Nüssen zubereiten. Zubereitung siehe Seite 334, Nr A. Backzeit ca. 20 Min. bei 180°.
Den abgekühlten Tortenboden mit
3 EL Weinbrand beträufeln, mit einem Rand umstellen.
1 Glas Stachelbeeren auf ein Sieb schütten, den Saft zum Kochen bringen, mit
1 gehäuften EL Stärkemehl binden. Stachelbeeren zugeben, auf den Tortenboden füllen und erkalten lassen.
250 ml Sahne steif schlagen. Die halbe Menge in einen Spritzbeutel füllen, Sahnerest über die Stachelbeeren streichen. Einen Sahnerand aufspritzen.
150-200 ml Vanillelikör mit
2-3 Blatt Gelatine nach Vorschrift binden u. über die Sahne ziehen.

Stachelbeer - Nuß - Torte

Für den Nußbaiser - Boden

4 Eiweiß mit 160g Zucker z. Baisermasse schlagen.

200g gemahlene Haselnüsse, danach

50g gehackte Zartbitterschokolade vorsichtig unterheben. 30 Min. bei ca. 180 °C backen.

Für die Füllung:

1 Glas Stachelbeeren abtropfen lassen, den Saft mit Tortenguß nach Vorschrift binden, mit den Stachelbeeren vermischen.

Den Tortenboden mit einem Rand umstellen. Stachelbeeren einfüllen, erkalten lassen.

250g Sahne mit Sahnesteif und Vanillezucker schlagen, auf die Stachelbeeren füllen, glattstreichen. Mit geschabter Schokolade oder gehackten Pistazien garnieren.

Quark - Kirschtorte

1 Glas Sauerkirschen auf ein Sieb schütten.

Für den Rührteig:

125g Butter, 125g Zucker, 1 P. Vanillezucker,
2 Eier, 100g Mehl, 1 TL Backp., 50g Speisestärke,
Den Teig in eine vorbereitete Form füllen.
Die Kirschen auf dem Teig verteilen.
Etwa 20 Min. bei 190°C vorbacken.

Belag: In der Zwischenzeit

200g Quark, 50g Zucker, 100g Sahne, 3 Eigelb
1/2 P. Vanillepuddingpulver verrühren.
3 Eiklar mit 50g Zucker sehr steif schlagen, locker unterheben.

Den Quarkbelag auf den vorgebackenen Kuchen streichen. 25-30 Min. weiterbacken. Je nach Belieben Kirschsaft mit Tortenguß binden u. über den Kuchen geben.

Kirschkuchen mit Streuseln

Mandelboden – siehe 213.
Den Boden bei Oberhitze kurz vorbacken.

Füllung:

1 Glas Sauerkirschen über ein Sieb schütten. Die Früchte auf den vorgebackenen Boden verteilen

300ml gesüßten Obstsaft mit

2 El Speisestärke oder mit 1½ P. Tortenguß nach Packungsanleitung binden. Heiß über die Kirschen ziehen.

Streusel:

100 g Mehl, 100g Zucker, 100g zerlassene, abgekühlte Butter langsam hinzugeben. Die Masse zwischen bemehlten Händen verkrümeln. Bei Bedarf Mehl zufügen.

Die Streuseln über die Kirschen geben. Auf der mittleren Schiene etwa 25-35 Min. bei 190 °C backen. In der Form erkalten lassen!

Abänderung: siehe Aprikosenkuchen Seite 193.

Linzer Kirschtorte

Für den Mandelboden

100 g Butter, 100 g Puderzucker, 1 Ei,
100 g Mehl, 1 Tl Backpulver, 100 g gemahlene Mandeln. Etwa 20 Min. bei 180°C backen.

Für den Biskuitboden:

2 Eier, 60 g Zucker, 30 g Mehl, 30 g Speisestärke, 1 El Rum.
12 - 15 Min. bei 190°C backen.

Zusammensetzen der Torte:

1 Glas Sauerkirschen über ein Sieb schütten. Mandelboden mit Preiselbeermarmelade bestreichen. Biskuitboden auflegen, mit
5-6 El Cognac tränken. Abgetropfte Sauerkirschen darauf verteilen, Kirschsaft mit
1 P. Tortenguß binden, die Kirschen damit überziehen. Mit Sahne verzieren.

Kirschtorte mit Baiserhaube

Mürbeteigboden, siehe 217. Boden ohne Rand.

Für die Baisermasse:

2 Eiweiß mit
100g Zucker und
3 EL Zitronensaft zu einer Baisermasse schlagen. Die Springform mit Backpapier auslegen, mit Zwiebackbröseln o. gehackten oder gehobelten Mandeln bestreuen, Baisermasse einfüllen, mit
100g gehobelten Mandeln bestreuen. Mann kann die Baisermasse auch mit 100g gehackten Mandeln mischen. Ca. 25 Min. bei 170°C backen. Den Boden nach dem Backen in 16 Stücke teilen.

Zusammensetzen:

Mürbeteigboden mit einem Rand umstellen.
1 Glas sauerkirschen mit Tortenguß binden, auf den Boden geben, erkalten lassen.
250ml Sahne steif schlagen und über die Kirschen füllen. Darauf die 16 Stücke wieder zu einem Boden zusammensetzen.

Schwarzwälder Kirschtorte

1 dünner Mürbeteigboden, siehe Seite 341.

Für den Biskuitteig:

5 ganze Eier mit 150 g Zucker
5 El heißes Wasser, 1 P. Va-Zucker cremig schlagen.
150 g Mehl-Stärkegemisch über die Schaummasse sieben.
80 g geraspelte Blockschokolade zufügen und alles leicht unterheben.

Im vorgeheizten Backofen etwa 40 - 45 Min. bei 175 - 180° C backen. Auskühlen lassen.
Statt ein Biskuit kann ein Öl-Rührteig eingesetzt werden. Siehe hierzu Seite 356.

Den Biskuitboden 2 X durchschneiden.
Jede Biskuitscheibe mit
2 El Kirschwasser betupfen.
1 Glas Sauerkirschen abtropfen lassen.
1/4 l Kirschsaft mit
1 P. Tortenguß binden, Sauerkirschen zugeben
400 ml Sahne mit Sahnesteif u. Zucker schlagen.
2 El Kirschwasser darunter schlagen.

Zusammensetzen:

- Den Mürbeteig aprikotieren
- unteren Boden auflegen, mit einem Ring umstellen.
- angedickte Sauerkirschen darauf verteilen,
- auskühlen lassen.
- Die zweite Biskuitscheibe auflegen.
- Die halbe Sahnemenge darauf verteilen.
- 50 g geschabte Zartbitter-Schokolade darüber streuen.
- Die dritte Biskuitscheibe mit der Schnittseite auflegen, etwas andrücken.
- Die Tortenoberfläche mit Sahne glattstreichen.
- Mit Sahne, Kirschen und Schokolade verzieren.
- Mehrere Stunden kalt stellen.

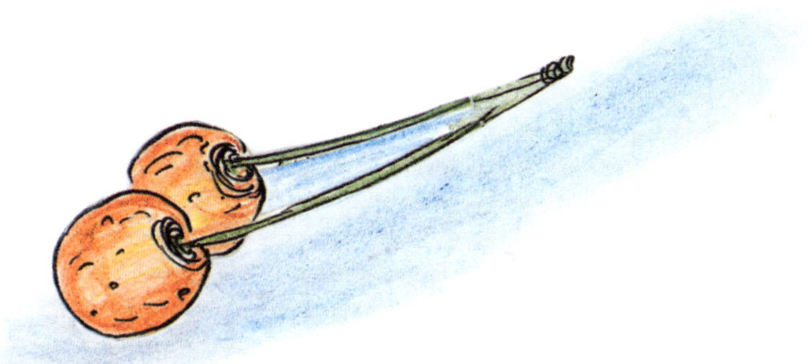

Aprikosentorte

Für den Rührteig:

150g Butter, 100g Zucker, 1 P. Vanillezucker
4-5 Eigelb schaumig rühren.
100g Mehl, 1 Msp. Backpulver, 60g Kochstärke zugeben.
4-5 Eiklar mit
50g Zucker schnittfest schlagen, unterheben. 2/3 des Teiges in eine Form geben und abbacken. Zu dem restlichen Drittel
1 El Kakao und 1 El Sahne geben und abbacken. Die Böden bei ca. 190°C etwa 20 bzw. 15 Min. backen. Auskühlen lassen.

Füllung:

9-10 Blatt Gelatine in kaltem Wasser einweichen.

Zubereitung mit frischen Aprikosen:

1 Kg frische Aprikosen blanchieren, abziehen,

halbieren, dann in
1/8 l Weißwein, Saft 1 Zitrone und
75 g Zucker 3 Min. köcheln lassen. Zum Ganieren einige Aprikosenhälften zur Seite stellen, die anderen pürieren. 1/2 l Mus abmessen, die Gelatine in der warmen Masse auflösen.

Soll Dosenobst eingesetzt werden, so sind
1 große oder 2 kleine Aprikosendosen einzusetzen. Früchte zum Dekorieren zurücklassen. Die Gelatine aufgelöst in die (1/2 l) Musmenge geben. —

Wenn die Masse zu stocken beginnt,
250 g steifgeschlagene Sahne unterziehen.

Zusammensetzen der Torte:

Den hellen Tortenboden einmal durchschneiden, mit einem Tortenrand umstellen. Die Hälfte der Aprikosencreme einfüllen. Darauf den Kakao-Boden setzen, restliche Creme einfüllen, glattstreichen, mit dem 2. Boden abdecken. 2-3 Stunden kühl stellen. Danach mit
200 g steifgeschlagener Sahne den Kuchen rundherum bestreichen. Den Tortenrand
mit 50 g leicht gebräunten Mandelblättchen bestreuen. Restliche Aprikosenhälften in Scheiben schneiden und dekorativ auflegen.
1/8 l Apfelsaft mit 1/2 Tütchen Tortenguß binden und damit die Aprikosen mit einem Pinsel dünn überziehen.

Aprikosenkuchen

2 kleine oder 1 große Dose Aprikosen abtropfen lassen.

Rührteig:

125g Butter, 125g Zucker, 1 Pr Salz, 3 Eier,
4 Tropfen Zitronenaroma, 125g Mehl
50g gem. Haselnüsse, 2Tl Backpulver verrühren.
In eine gefettete Springform füllen.

Belag:

100g Marzipanrohmasse, 1 Eigelb
1 P. Vanillesoßenpulver, 25g Puderzucker u.
125ml Sahne zu einer glatten Masse verrühren.
Aprikosenhälften auf den Teig legen
Marzipanmasse darüber verteilen.
40-50 Min. bei 190°C backen.

Statt Aprikosen können auch Pfirsiche eingesetzt werden.

Mechthilds schnelle Pfirsichtorte

1 Biskuitboden - nach Belieben von 2-3 Eiern herstellen. Siehe Seite 331 Tabelle, Grundrezept I, Zubereitung Seite 334.
Tortenboden mit einem Ring umstellen.

Füllung:

1 große Dose Pfirsiche gut abtropfen lassen, die Früchte trocken tupfen und in sehr feine Stückchen schneiden.

1/2 l Sahne mit 2 Tütchen Va-Zucker, Zucker nach Geschmack und

2 P. Sahnesteif sehr steif schlagen, Früchte zugeben u. unterheben. Auf den Tortenboden füllen.

Guß:

300 ml Multivitaminsaft oder Maracujasaft mit

2 Tütchen Dr. Oetker Instant Soßenpulver Vanille-Geschmack binden und über die Sahne ziehen.

Die Torte im Kühlschrank kurze Zeit absteifen lassen. Sie sieht wie die Mandarinen-Maracuja-Quarktorte aus, die auf Seite 282 abgebildet ist.

Es können statt Pfirsiche Mandarinen eingesetzt werden.

Schneller Pfirsichkuchen

1 Dose Pfirsiche abtropfen lassen, die Hälften halbieren. Form (26 cm ⌀) vorbereiten, Boden einfetten.

50 g Mandelblättchen auf den Boden streuen. Die abgetropften Pfirsiche darauflegen.

Rührteig:

100 g Butter, 50 g Zucker, 1 P Vanillezucker
3 Eigelb schaumig rühren.
120 g Mehl und 1 Tl Backpulver zugeben
3 Eiklar mit
50 g Zucker schnittfest schlagen.
Den Teig über die Pfirsiche füllen.
40–50 Min. bei 190–200 °C backen.
Den Kuchen umkippen und mit der Mandelseite nach oben auf eine Platte legen.

Aprikosen-Käsekuchen

Für den Rührteigboden:

200g Butter, 150g Zucker, 1 P. Vanillezucker,
4 Eier, 200g Mehl, 100g Speisestärke, 1 P. Salz
1 Tl Backpulver. Teig auf ein vorbereitetes Backbrett streichen. Ca. 10-15 Min. bei 190-200 °C vorbacken.

Für den Belag:

150g Butter, 100g Zucker, 1 P. Vanillez., 2 Eier,
750g Speisequark, 100g Speisestärke u. 1 Tl Backpulver verrühren. Die Masse auf den vorgebackenen Kuchen streichen.
750-100g Aprikosenhälften mit der Schnittfläche nach oben darauflegen. Auf jede Aprikosenhälfte
1 halbierte Mandel oder gehackte Pistazien legen. Den Kuchen bei ca. 190 °C in 40-45 Min. fertigbacken. Danach aprikotieren.

Eistorte

6 Eier und
300 g Zucker zu einer Baisermasse schlagen.
200 g gemahlene Mandeln oder Nüsse und
75 g Mehl unterheben.

Von der Masse 4 Böden backen. Den Boden der Springform mit Backtrennpapier belegen und mit gehobelten Mandeln bestreuen. Bei einer Temperatur von ca. 150 °C ca. 25 Min. backen.

Die einzelnen Böden mit Schokoladenglasur überziehen und danach ins Gefriergerät stellen damit sie beim Zusammensetzen richtig kalt sind.

500 g Vannille- oder Erdbeereis antauen lassen.
1/4 l Schlagsahne sehr steif schlagen. Das halbgefrorene Eis löffelweise zugeben und verschlagen.

Die Böden mit dem Sahne-Eis-Gemisch

füllen und sofort einfrieren.
Vor dem Verzehr mit Sahne verzieren und mit geraspelter Schokolade bestreuen.

Die Torte kann 6-8 Wochen im Gefriergerät aufbewahrt werden.

Eistorte mit Rumrosinen

Makronenboden:

Von 2 Eiern, 120 g Zucker und 120 g gem. Nüssen oder Mandeln eine Makronenmasse herstellen. siehe hierzu 375/376.
Den Boden vor dem Füllen mit einem Tortenring umstellen und im Gefriergerät durchkühlen lassen.

Für die Füllung:

400 ml	Schlagsahne steif schlagen mit
1 P.	gekühlten Rumrosinen und
½ Tafel	geraspelter Schokolade mischen. Den

Boden füllen und einfrieren.

Herbst

„… Und kam die goldene Herbsteszeit
Und die Birnen leuchteten weit und breit,
Da stopfte, wenn's Mittag vom Turme scholl,
Der von Ribbeck sich beide Taschen voll.
Und kam in Pantinen ein Junge daher,
So rief er: „Junge, wiste 'ne Beer?"
Und kam ein Mädel so rief er: Lütt Dirn,
Kumm röver, ick hebb' ne Birn." Fontane

Frisch vom Baum – ein Stück Natur,
Ist sicherlich Gesundheit pur.
Doch nachmittags wir woll'n versuchen,
Im Herbst manch' leckeren Birnenkuchen.

Herrn von Ribbecks Torte

Für den Makronenboden

3 Eiweiß, 150 g Zucker, 3 El Zitronensaft
150 g gemahlene Mandeln, Zubereitung siehe seite 375. Form mit Backpapier auslegen. Ca. 35 Min. bei 160 - 170 °C backen. Mit
2-3 El Cointreau beträufeln.
1½ Dosen Birnen abtropfen lassen. Boden mit einem Tortenrand umstellen und mit Birnenhälften belegen. Je
1/4 l Wein- und Birnensaft mit
1 P. Puddingpulver binden, über die Birnen füllen.
1/4 l Sahne mit Sahnesteif steif schlagen und auf dem erkalteten Obstguß verteilen.
4 Birnenhälften in jeweils 4 Scheiben schneiden, trocken tupfen, die Spitzen in flüssige Schokolade tauchen, trocknen lassen, die Torte damit garnieren.

Birnen-Likör-Torte

1 Mandelboden - siehe Seite 213.

Für die Füllung:

2 Blatt Gelatine in kaltem Wasser einweichen.
1 große Dose Birnenhälften abtropfen lassen.
1/4 l Wein und
1/4 l Birnensaft mit
1 P. Vanillepuddingpulver binden.
Den Boden mit einem Rand umstellen, mit Birnenhälften belegen und mit dem gekochten Guß abdecken. Auskühlen lassen.
250 ml Sahne mit Vanillez., etwas Zucker, Sahnesteif und 2 El Zitronensaft steif schlagen.
Den Guß mit 3/4 der Sahnemenge abdecken, die restliche Sahne in einen Spritzbeutel füllen, rundherum Sahnetupfer spritzen.
200 ml Vanillelikör mit der aufgelösten Gelatine verrühren, löffelweise über die Sahne ziehen.

Birnenentorte

1 Nuß - Schokoladen - Rührteigboden - siehe Seite 214.

1 große Dose Birnen abtropfen lassen.
Den ausgekühlten Boden mit einem Ring umstellen. Etwa

150 ml Sahne mit Va-Zucker und Sahnesteif schlagen und über den Boden streichen.
Die abgetropften Birnen mit Küchenkrepp trocken tupfen und auf der Sahne verteilen.

100 g Zartbitter-Schokolade mit 25 g Kokosfett schmelzen lassen. Die Birnen mit der leicht abgekühlten Glasur überziehen. Mit schwach gerösteten Mandeln bestreuen.
Nach Belieben mit Sahne servieren.

Williams - Christ - Birnen - Torte

Mürbeteigboden:

200g Mehl, 130g Butter, 65g Zucker, 1 Msp. Backp.,
1 Eigelb. Den ausgerollten Teig in eine Spring-form füllen. Bei 190°C ca. 25 Min. backen.

Füllung:

2 x 2 Blatt weiße Gelatine in kaltem Wasser einweichen.
1 Dose mit Birnenhälften über ein Sieb schütten. Mürbeteigboden mit einem Ring umstellen.
50g aufgelöste Schokoladenglasur darüber streichen.
250ml Sahne mit Zucker, Sahnesteif und
2 EL Zitronensaft steif shlagen.
2 EL Schmand mit 2 Blatt aufgelöster Gelatine mischen, etwas abkühlen lassen und unter die Sahne schlagen. Birnen in Stücke schneiden, mit der Sahne mischen und auf den Boden füllen.
150 - 200ml Vanille- oder Eierlikör mit 2 Blatt aufgelöster Gelatine verrühren und löffelweise über die Sahne ziehen.

Apfelkuchen konkurrenzlos

seit Adam und Eva

Russischer Apfelkuchen

200 g Butter, 200 g Zucker, 3 Eier, 1 TL Zimt
1 P Vanillezucker, 2 TL Kakao
1 Tafel geraspelte Blockschokolade
300 g Mehl, 1/2 - 3/4 P. Backpulver. Die Zutaten zu einem Rührteig verarbeiten.
500 g Äpfel in dünne Scheiben schneiden, unter den Rührteig heben. In eine vorbereitete Springform füllen. Ca. 50 Min. bei 190 °C backen.

Variation:
Statt Äpfel können Aprikosen, Pfirsiche, Sauerkirschen eingesetzt werden.

Mexikanischer Apfelkuchen

750 g Äpfel schälen und in Scheiben schneiden.
Mit dem Saft
1/2 Zitrone, 40 g Butter, 75 g gehobelte Mandeln
75 g Zucker dünsten.

Für den Rührteig:

150 g Butter
100 g Zucker, 1 P. Vanillezucker
3 Eier, 125 g Haferflocken
50 g Mehl, 1/2 P. Backpulver, Saft
1/2 Zitrone.

Die Zutaten der Reihe nach zu einem Teig verarbeiten und in eine vorbereitete Springform füllen.
Zuerst gibt man 3/4 der Teigmenge hinein, verteilt hierauf die Apfelfüllung und setzt dann den Rest des Teiges mit Hilfe eines Teelöffels in Form von kleinen Häufchen auf die Füllung. Backzeit: Ca. 50 Min. bei 190°C.

Apfelkuchen mit knuspriger Haube

Für den Rührteig

150g Butter, 100g Zucker, 1 ganze Ei
2 Eigelb, 1 El Zitronensaft, 80g Mehl,
80g Speisestärke, 1 Msp. Backpulver,
2-4El Milch. Zubereitung siehe Rührteig S. 351.
Teig in eine vorbereitete Springform füllen.
1 Kg Äpfel schälen, achteln, in Zuckerwasser, mit Wein oder mit Zitronensaft dünsten, gut abtropfen lassen.

Guß:

100g Mandelblätter, 100g Rosinen, 1/2 Tl Zimt mit
3 El saurer Sahne mischen.
2 Eiweiß mit 4 El Zucker u. 1 El Zitronensaft schnittfest schlagen u. unter die Masse heben.

Äpfel auf dem Rührteig verteilen. Guß darüber geben. Etwa 50 Min. bei 190°C backen.

Apfelkuchen mit Rahmguß

800-1000 g Äpfel schälen, in Scheibchen schneiden, mit dem Saft ½ Zitrone,
40 g Butter, 75 g gehackten Mandeln und
75 g Zucker dünsten.

Rührteig:

150 g Butter, 150 g Zucker, 2 Eier,
100 g Mehl, 50 g Stärkemehl, 1 Msp. Backp.
Rührteigzubereitung siehe Seite 350.

Den Teig in eine vorbereitete Springform füllen, die Äpfel darauf verteilen und mit einem Rahmguß überziehen.

Backzeit: Ca. 60 - 70 Min. bei 190 - 200 °C.

Nach Belieben mit Zuckerguß überziehen.

Rahmguß:

2 Eier, 200 ml saure Sahne oder Schmand, 2 EL Zucker, 1 EL Zitronensaft, 1 gehäufter TL Stärkemehl oder Puddingpulver verquirlen.

Tip: Der Kuchen kann auch warm mit einer Vanillesoße oder mit Eis und Sahne serviert werden.

Apfel - Quark - Kuchen

Mürbeteig:

400g Mehl, 1/2 P. Backpulver, 200g Butter
100g Zucker, 1 P. Vanillezucker.
2 Eier. Zubereitung lt. Grundrezept S. 343.

Quarkbelag:

150g Butter schaumig rühren
1 Kg Quark durch ein Sieb streichen
2 Eigelb, 100g Zucker, 50g Rosinen
2 P. Vanillezucker, 50g Speisestärke
1 P. Puddingpulver
Die Zutaten mit der Butter verrühren.
2 Eiweiß mit 100 g Zucker zur Baisermasse schlagen und vor dem Zusammensetzen unter die Quarkmasse heben.

Apfelbelag:

1 ½ kg Äpfel in feine Scheibchen schneiden, mit
2 EL Zitronensaft
100 g Zucker, 1 Msp. Zimt und
200 g gehackten Mandeln mischen.

Zusammensetzen:

Den ausgerollten Mürbeteig auf ein vorbereitetes Backblech legen, mehrmals mit der Gabel einstechen und auf der mittleren Schiene im vorgeheizten Backofen 15-20 Min. bei 210°C vorbacken. (Die Oberfläche muss leicht gebräunt sein.)
Dann nacheinander die Quarkmasse und den Apfelbelag darauf füllen.
Backzeit: ca. 45 Min. bei 190-200°C.

Abänderung:

Statt der Quarkschicht können die Äpfel einen Streuselbelag erhalten. Streuseln:
150 g Zucker mit 150-200 g Mehl vermischen, 150 g zerlassene, abgekühlte Butter u. 1 P. Va-Zucker hinzugeben und die Masse zwischen bemehlten Händen verkrümeln. Nach Belieben etwas Zimt zugeben.

Apfelkuchen auf dem Blech

Für den Mürbeteig:

250g Butter, 200g Doppelrahmfrischkäse,
150g Zucker, 1 Pr. Salz
500g Mehl, 1 TL Backpulver.

Zubereitung siehe Mürbeteig Seite 343.

Teig ausrollen, Backblech damit belegen, mit der Gabel wiederholt einstechen, mit Zwiebackbrösel oder Sahnesteif bestreuen.

1 1/2 Kg Äpfel schälen, achteln, mit dem Saft
1/2 Zitrone beträufeln, fächerartig auf dem Teig anordnen. Etwas Zucker und
Zimt darüber streuen. Etwa 50 Min. bei 190-200°C backen. Ca. 10-15 Min. vor Ende der Garzeit
125g Rosinen darüber streuen.

Aprikotieren: 4 El Aprikosenmarmelade mit 2 El Wasser erhitzen, 2 El Aprikosenlikör zugeben und den Kuchen damit heiß überpinseln.

Teigzutaten für eine 26cm ⌀ Form:

125g Butter, 65g Doppelrahmfrischkäse, 65g Zucker, 200g Mehl. Für den Belag etwa 600-700g Äpfel.

Apfelschnitzel auf Rührteigboden

300 g Butter, 300 g Zucker
4 - 5 Eier, 1 P. Va-Zucker
300 g Mehl, 150 g Stärkemehl
3/4 P. Backpulver.

Aus den Zutaten einen Rührteig herstellen u. auf ein vorbereitetes Backblech streichen.

1 1/2 - 2 Kg Äpfel schälen, achteln und fächerartig auf dem Teig anordnen.

2 EL Zucker mit etwas Zimt mischen und darüber streuen.

Backzeit: 50 - 60 Min. bei 190°C.

Variationen:

Den Apfelkuchen mit Sahne reichen. Zusätzlich kann der Kuchen sofort nach dem Backen aprikotiert oder mit einem sehr flüssigen Zuckerguß überzogen werden. Während des Backens können 125 g Rosinen aufgestreut werden.

Tip: Einen Tag vor dem Verzehr backen.

Apfeltorten zum Anbeißen . . .

Apfel-Baiser-Torte

Für den Rührteig:

100g Butter, 50g Zucker, 1 P. Vanillezucker
2 Eigelb, 60g Mehl, 1 Tl Backpulver
60g Zwiebackbrösel, ½Tl Zimt
2-3El Rum einen Rührteig herstellen. Zuletzt
2 Eiweiß mit 50g Zucker steif schlagen, unterheben.
Springform gut einfetten und mit
30g Mandelblättchen bestreuen. Den Rührteig einfüllen. Etwa
500g geschälte, in Scheibchen geschnittene mürbe Äpfel (Boskop oder Cox Orange) auf dem Rührteig verteilen.

Für die Baisermasse

3 Eiweiße steif schlagen, 2 El Zitronensaft zufüg.
150g Puderzucker unter Schlagen einrieseln lassen; schlagen, bis die Masse glänzt.
150g gemahlene Mandeln und
3 El Orangenlikör unterheben.
Die Baisermasse auf die Äpfel füllen, glattstreichen.

Den Kuchen mit Alufolie bedecken und bei 180°C 40 Min. backen. Danach die Alufolie entfernen und ca. 15 Minuten weiter backen, bis die Oberfläche hellbraun ist.

Zum Verzieren:

2 Blatt weiße Gelatine in kaltem Wasser einweichen, nach Vorschrift auflösen, abkühlen lassen und mit etwas Sahne verrühren.
250g Sahne steif schlagen, unter Schlagen die Gelatine zugießen. Die Torte mit der Sahne bestreichen und mit dem Teigspatel wellenförmig verzieren. Kühl stellen. Kurz vor dem Servieren mit etwas Zimt bestäuben.

Torte mit Wein-Apfel-Füllung

Für den Mürbeteig:

220 g Mehl, 1 Tl Backpulver, 150 g Butter, 70 g Zucker
1 Eigelb, 1 El Rum. Teig ausrollen. Eine 26 cm ⌀-Form auslegen, Rand 3 cm hochziehen oder einen Teigstreifen am Kuchenrand anlegen.

Für die Füllung:

3/4 l Wein mit
250 g Zucker zum Kochen bringen. Darin
5 fein säuerliche Äpfel kleingeschnitten dünsten. Mit
100 g Mondamin oder 2 Tütchen Puddingpulver binden, erkalten lassen und auf den Teig füllen.

50 Minuten bei ca. 180° C backen. In der Form erkalten lassen!!! Am Vortag zubereiten. Mit
1/4 l Schlagsahne verzieren.

Gestürzter Apfelkuchen

Rührteig – den Kuchen auf der unteren Schiene abbacken.

160g Butter, 80g Zucker
3 Eier, 160g Mehl-Stärkegemisch
1 TL Backpulver, abger. Schale und Saft
1/2 Zitrone. Den Boden einer Springform mit Backtrennpapier auslegen.
40g Butter schmelzen lassen und in die Form gießen. Nacheinander
3 EL Zucker und
75g gehobelte Mandeln darüber streuen.

Apfelfüllung:

750-1000g Äpfel schälen und in Schnitzel schneiden. In Zuckerwasser mit einem Wein-Zitronensaftzusatz dünsten. Nicht zu gar werden lassen. Über ein Sieb schütten und gut abtropfen lassen. Danach in die Form, auf die Mandeln geben. Den Rührteig über die Äpfel füllen. Ca. 50 Min. bei 190°C backen. Umgekippt servieren. Dazu Schlagsahne reichen.

Apfel - Wein - Torte

Rührteig

150g Butter, 150g Zucker, 1 Ei, 2 Eigelb
75g Mehl, 75g Speisestärke
1 gestrichenen TL Backpulver, Saft
½ Zitrone.

Baisermasse:

2 Eiweiß aufschlagen, mit
1 EL Zitronensaft und
2-3 EL Zucker zu Baiser schlagen.

Vom Rührteig 2 Böden abbacken. Für den unteren Boden ⅔ der Teigmasse und für den oberen Boden ⅓ der Teigmasse in die Form geben. Die Böden jeweils mit der halben Baisermasse bestreichen und mit ca 100-150g gehobelten Mandeln bestreuen. Die Böden nacheinander bei ca. 180° goldgelb backen.

Den dünneren Boden nach dem Backen in 14- 16 Stücke aufteilen.

Apfelfüllung:

1 Kg geschälte Äpfel scheibeln, in
250ml Wasser und
300ml Wein dünsten, auf ein Sieb schütten.
Von der aufgefangenen Flüssigkeit etwa 400ml abmessen, mit
4-5 El Zucker zum Kochen bringen. Mit
1½-2 P Tortenguß nach Vorschrift binden. Den dickeren Boden mit einem Rand umstellen und die Apfelmasse auf den Boden füllen, erkalten lassen.
Je nach Belieben
200-250 ml Sahne mit etwas Zucker, Vanillezucker und Sahnesteif sehr fest schlagen und über die Obstmasse geben.
Den in Stücke geschnittenen Mandelboden auflegen.

Apfel - Joghurt - Torte

1 Nuß-Baiserboden (Seite 214) oder
1 Mandelboden (Seite 213) backen.
Den ausgekühlten Boden mit einem Rand umstellen. Joghurtcreme einfüllen.

Joghurtcreme:

6 Blatt oder 1 Tütchen Gelatine einweichen.
2 Eigelb, 70g Zucker, 2 EL Zitronensaft unter Schlagen erhitzen, bis die Masse cremig ist. Ausgedrückte Gelatine zur Eimasse geben.
300g Joghurt zugeben. Wenn die Masse zu stocken beginnt,
250g steifgeschlagene Sahne unterheben.

Apfelbelag:

3 Blatt Gelatine einweichen.
600g Äpfel, geschält und in feine Würfel geschnitten in 70g Zucker
1/8 l Wein und 1/8 l Apfelsaft dünsten.
Über ein Sieb schütten. 1/4 l von dem Saft abmessen. Gelatine in die noch warme Flüssigkeit geben, Apfelstückchen zugeben. Wenn die Masse zu stocken beginnt, auf die Creme füllen.

Französischer Pflaumenkuchen

150 g Butter, 100 g Zucker
2 Eigelb,
1 Tl Zimt, 1 Pr. Salz
150 g Mehl, 1 TL Backpulver
100 g gemahlene Mandeln.
Aus den Zutaten einen Mürbeteig herstellen.
Den Teig in eine Springform füllen, (⌀ 26 cm)
50 g gemahlene Mandeln darüber streuen. Mit
1 Kg entsteinten Pflaumen, mit der offenen Seite nach oben, belegen.
Bei 190° C etwa 45 Min. backen. Nach etwa 40 Min. Backzeit die Pflaumen mit
2-3 El Zucker überstreuen. Nach dem Backen sofort mit
100 g Johannisbeergelee bestreichen, der mit
2 El Zitronensaft glattgerührt wurde. Mit
50 g gestifteten Mandeln bestreuen.

Pflaumenkuchen mit Nußkrokant

125 g Mehl, 125 g Quark, 125 g Butter
40 g Zucker.

Alle Zutaten zu einem Mürbeteig verarbeiten. Siehe Grundrezept Seite 343, Zubereitung. Den Teig ausrollen und in eine gefettete Springform (26 cm oder 28 cm Ø) legen. Am Formenrand hochdrücken, so daß ein etwa 3 cm hoher Rand entsteht. Mit Semmelmehl bestreuen.

1 kg entsteinte Pflaumen mit der Innenseite nach oben schuppenförmig auf den Teig legen. Bei 190 °C ca. 45-50 Min. backen.

10 Min. vor Ende der Garzeit die Zwetschen zuerst mit 1 El Zucker, dann mit Nußkrokant überstreuen.

Krokant:

100 g gehackte Nüsse mit 20 g Butter und 1-2 El Zucker in einer Pfanne leicht bräunen.

Pflaumenkuchen mit Joghurtrahm

2 ganze Eier, 4 ½ El Öl
4 ½ El Mehl (125 g) 1 Tl Backpulver
4 ½ El Zucker (100 g)

Alle Zutaten zusammen in eine Schüssel geben und 3-5 Min. verschlagen. Den Teig in eine vorbereitete (28 cm oder 26 cm Ø) Springform geben. Mit

2 El Semmelmehl überstreuen.
750 g Zwetschen halbieren, entsteinen und mit der Öffnung nach oben auf den Teig setzen.

Guß:

1 Becher Joghurt (150 g), 1-2 El Zucker
1 Becher Sahne (200 g) 2 Eier und
30 g Speisestärke verrühren.

Den Guß über die Pflaumen gießen.
Im vorgeheizten Backofen etwa 50-60 Min. bei ca. 190 °C backen.

Weintraubentorte

1 Zwieback-Boden

Siehe Seite 215. Statt Rum, 2 El Zitronensaft zugeben.

Weincreme I.

5 Blatt Gelatine in kaltem Wasser einweichen.
2 Eier mit
100 g Zucker schaumig schlagen.
20 g Stärke und
2 EL Zitronensaft unterrühren.

Auf dem Wasserbad oder auf der Herdplatte bei mittlerer Hitze so lange schlagen, bis die Masse hochsteigt. Vom Herd nehmen. Gelatine ausdrücken und zugeben. 400 ml Wein unter die Creme rühren. Während des Erkaltens wiederholt umrühren.

Weincreme Nr. II

6 Blatt oder 1 Tütchen Gelatine einweichen.
Trauben putzen.
250 ml Wein mit etwa
70 g Zucker verrühren. Gelatine auflösen und zugeben. Weitere Zubereitung bei I und II gleich.
500 g kernlose Weintrauben waschen und trocken tupfen, andere Weintrauben entkernen.
250 ml Sahne mit Va-Zucker steif schlagen.
Boden mit einem Tortenring umstellen.
Sobald die Masse zu stocken beginnt, zuerst die Sahne, dann die Trauben unter die Creme ziehen. Auf den Boden füllen. Kalt stellen.
Beliebig mit Weintrauben verzieren.
1/4 l Wein-Wasser-Gemisch mit
1 Tütchen Tortenguß binden und über die Trauben ziehen.

Backen mit exotischen Früchten

Ananas, Orangen, Kiwis, Bananen, Feigen, gelbe Kakis, Datteln, Mango, Maracuja, Zitronen, Kumquat und Papaya – gedeihen nur im fernen Süden.
Die Sonne macht sie süß und reif – sie bereichern unser Backvergnügen, besonders oft zur Winterszeit...

Exotische Torte

50 g Puderzucker, 100 g Butter, 150 g Mehl
Gewürze, wahlweise 1 Msp. Backpulver und 1 Eigelb.
Mürbeteig siehe 341.
15-20 Min. bei ca 190 °C backen.

Biskuitboden:

2 Eier, 60 g Zucker, 2 El heißes Wasser, 30 g Mehl, 30 g Speisestärke
Zubereitung siehe Seite 334, A.
12-15 Minuten bei 190 °C backen.

2 El Aprikosenkonfitüre mit 2 El Wasser zum Kochen bringen, den Mürbeteigboden damit aprikotieren.

Den Biskuitboden auf den Mürbeteigboden setzen, mit einem Tortenring umstellen.

2-3 Kiwi's in Scheiben,

1 kleine Dose Pfirsichhälften in Spalten und

1 Mango in Scheiben oder Stücke schneiden.

5 Cocktailkirschen halbieren.

250ml Sahne mit Vanillezucker steif schlagen.

Den Biskuitboden mit 1 El Sahne bestreichen. Von dem zerkleinerten Obst etwas für die Garnierung zurücklassen, das übrige auf dem Boden verteilen.

1/4 l Pfirsichsaft mit

1 P Tortenguß andicken und über die Früchte ziehen. Erkalten lassen.

Maracujacreme:

6 Blatt Gelatine in kaltem Wasser einweichen.

200ml Sekt mit

1 P. „Aranka-Maracuja" verrühren, die eingeweichte und aufgelöste Gelatine unterrühren, die Sahne unterziehen. Maracujacreme über das Obst geben und 1 Stunde kalt stellen. Mit frischem Obst garnieren.

Ananastorte im Biskuitmantel

Für den Mürbeteig:
50 g Puderzucker, 100 g Butter, 150 g Mehl, 1 Eigelb
1 P Vanillezucker. Zubereitung s. Seite 341.
15 Min. bei 200°C backen.

Biskuitrolle – mit Konfitüre füllen, siehe 111.
Zutaten und Zubereitung siehe Seite 108/109

Biskuitboden:
Für den Schnellbiskuit 2 Eiweiß mit
60 g Zucker schnittfest schlagen, 2 Eigelb zugeben
30 g Mehl und 30 g Stärke darüber sieben und
unterheben, so daß eine gleichmäßige
Masse entsteht. In die Form füllen und
ca. 10 Minuten bei 200°C backen.

Kuchenform mit Backtrennpapier auslegen.
Die Ränder mit neutralem Öl bepinseln und
mit Puderzucker bestreuen.
Die erkaltete Biskuitrolle in Scheiben schneiden.

Die Form rundherum mit Biskuitscheiben auskleiden. An den Rändern müssen die Biskuitscheiben bis auf den Kuchenboden stoßen. Die Lücken können je nach Belieben mit ganzen oder halbierten Cocktailkirschen gefüllt werden.

Für die Füllung:

10 Blatt Gelatine in kaltem Wasser einweichen.
1/4 l Weißwein mischen mit
1/4 l Ananassaft, mit Zucker abschmecken.
4 Scheiben Ananas, gut abgetropft, ganz fein, fast zu Mus schneiden.
Die aufgelöste Gelatine zu dem Weißwein-Saft-Gemisch geben. Wenn die Masse zu stocken beginnt,
1/4 l steifgeschlagene Sahne unterziehen.
Die Form mit den Biskuitscheiben damit füllen und mit dem Biskuitboden abdecken. Mürbeteigboden aprikotieren und auf den Biskuit legen. Gestürzt servieren

Diplomatentorte

1 Nuß - Rührteigboden, siehe Seite 214, für die 26cm - Ø - Form. Den Boden auskühlen lassen.

3 Blatt Gelatine in kaltem Wasser einweichen. Die obere Schicht des Bodens abschneiden und zerbröckeln, mit

50g grobgeraspelter Zartbitterschokolade mischen. Den unteren Boden mit einem Rand umstellen.

5 Scheiben Ananas, abgetropft in sehr feine Stückchen schneiden. Aufgelöste Gelatine zu

1/8 l Ananassaft geben, Ananasstückchen unterheben.

1 1/2 Becher Sahne mit 2 P. Va-Zucker sehr steif schlagen. Wenn der Ananassaft zu stocken beginnt, Sahne unterziehen, auf den Boden füllen, mit den Krümeln abdecken. Leicht andrücken.

Ananas - Kuchen

Für den Biskuit:

4 Eier, 120g Zucker, 1 P. Vanillezucker cremig schlagen
60g Mehl und 60g Speisestärke darüber sieben und unterheben.
Den Boden der gefetteten Springform mit
50g gehobelten Mandeln bestreuen. Teig einfüllen. Ca 20 Min. bei 190°C backen.
1 kleine Dose Ananasstückchen abtropfen lassen. Den ausgekühlten Boden einmal durchschneiden. Boden ohne Mandelkruste mit einem Ring umstellen.

Für die Füllung

4-5 Blatt Gelatine in kaltem Wasser einweichen.
150g Crème fraîche, 120g Puderzucker
125ml Ananassaft, etwas Orangenlikör verrühren und mit Zucker abschmecken. Aufgelöste Gelatine unterrühren. Wenn die Masse zu stocken beginnt,
125ml steifgeschlagene Sahne unterziehen. Füllung auf die Biskuitscheibe geben und mit der 2. Biskuitscheibe abdecken. Auf eine Verzierung kann verzichtet werden.

Obst - Öl - Rührteigkuchen

Für den Öl-Rührteig:

2 Eier mit
4 ½ El Zucker etwa 3 Min. verschlagen.
4 ½ El Öl zugeben
4 ½ El Mehl mit
1 Tl Backpulver (¼ Päckchen) mischen, zu der Teigmasse geben und 2–3 Min. verschlagen.

Den Teig in die vorbereitete Backform füllen. Die vorgesehene Obstfüllung darauf verteilen.
Ca. 50 Min. bei 190 - 200 °C backen.

Apfelfüllung

1 Kg Äpfel schälen, in feine Würfel schneiden, mit 1 - 2 EL Zucker
1 T. Va-Zucker, etwas Zimt und
60-80 g Rosinen mischen. Die Apfelfüllung gleichmäßig auf dem Teig verteilen.
Ca 40 g gehobelte Mandeln darüber streuen und abbacken. Mit Sahne servieren.

Aprikosenfüllung

Aprikosen zerkleinern – es können frische als auch abgetropfte Dosen-Aprikosen eingesetzt werden. Masse auf dem Teig verteilen, mit Mandeln bestreuen.
Auf gleicher Weise kann der Kuchen mit Sauerkirschen zubereitet werden.

Pflaumenkuchen:

Ca. 800 g frische Zwetschen halbieren u. vierteln.
Ca. 50 g gehobelte Mandeln mit
2 Handvoll Zwiebackbrösel mischen, über den Teig streuen. Zwetschen so auflegen, daß die glatte Außenseite unten liegt.
Etwa 10 Minuten vor Ende der Garzeit mit Zucker bestreuen.

Kiwi - Sahne - Torte

1 fertig gekauften Blätterteigboden.
200 g Marzipan mit
50 g Puderzucker verkneten, bis zur Bodengröße ausrollen, auf den Blätterteigboden legen und mit einem Ring umstellen.
3 Blatt Gelatine in kaltem Wasser einweichen.
1/4 l Sahne mit 1 El Zucker steif schlagen. Gelatine im Wasserbad auflösen und etwas abgekühlt unter die Sahne ziehen.
2 cl (1 Schnapsgläschen) Rum unterrühren. Sahne auf den Kuchen füllen. Im Kühlschrank fest werden lassen.
6 Kiwi's schälen, in Scheiben schneiden, die Sahne damit belegen
1/4 L Zitronenzuckerwasser mit
1 P klaren Tortenguß binden und die Kiwischeiben damit überziehen.

Sekttorte mit Mandarinen

1 dünner Mürbeteig, siehe Seite 341.
1 Nuß- Schokoladen - Rührteigboden S. 214.
Erkalten lassen.

Den Mürbeteigbaden aprikotieren, den Nuß - schokoladenboden auflegen Mit einem Rand umstellen.

Für die Füllung:

6 Blatt oder 1 Tütchen Gelatine in kaltem Wasser auflösen.
2 Döschen Mandarinen abtropfen lassen.
1 Päckchen Aranca „Maracuja Geschmack" mit 1 Piccolo Flasche Sekt zubereiten.
400 ml Sahne mit 2 P. Va-Zucker steif schlagen.

Gelatine und 2/3 der Sahnemenge unter die Creme rühren.
Boden mit Mandarinen belegen, Cremenmasse darüber füllen. Mit Sahne und Mandarinen verzieren.

Mandarinen - Maracuja - Quarktorte

1 Mandelboden - siehe Seite 213. Mit gemahlenen Mandeln zubereiten.

Für die Füllung:

6 Blatt Gelatine in kaltem Wasser einweichen.
2 Döschen Mandarinen abtropfen lassen.
250g Quark mit 50g Zucker, 1 P. Va-Zucker, Saft
1/2 Zitrone verrühren. Mit der aufgelösten Gelatine mischen. Den Boden mit einem Rand umstellen.
250ml steifgeschlagene Sahne unter die Quarkmasse ziehen, auf den Boden füllen.

Maracuja - Guß:

200ml Maracuja - Saft und
100ml Mandarinensaft mischen. Mit
2 Tütchen Dr. Oetker Instant Soßenpulver Vanille-Geschmack oder mit 1 Tütchen Instant Vanillepuddingpulver (für 500ml Flüssigkeit) binden. Den Guß über die Quarksahne ziehen.

Bananentorte

Für den Biskuitteig:

4 Eier, 120 g Zucker, 4 El heißes Wasser, 120 g Mehl-Stärke-Gemisch. Zubereitung siehe Seite 334. Bei 180°C etwa 30 Min. backen.

Für die Füllung:

6 Blatt oder 1 Tütchen Gelatine einweichen.

3 Eigelb, 1 P. Va-Zucker, 125 ml Milch unter ständigem Rühren erhitzen, sobald die Masse hochsteigt, vom Herd nehmen. Gelatine ausdrücken und zugeben.

4 mittelgroße Bananen, dem Saft 1/2 Zitrone und 150 ml Sauerrahm pürieren. Zusammen mit 100 ml Eierlikör zur Eimasse geben. Wenn die Masse zu stocken beginnt,

250 ml steifgeschlagene Sahne unterheben.

Zusammensetzen der Torte.

Von dem Kuchen eine dünne Biskuitscheibe abschneiden. Die dickere Scheibe mit einem Rand umstellen, die halbe Crememenge einfüllen, die dünne Biskuitscheibe auflegen, restliche Creme darauf füllen. Auskühlen lassen. Dünne Bananenscheiben mit Zitronensaft beträufeln. Damit garnieren. Oberes Obst mit Tortenguß überziehen.

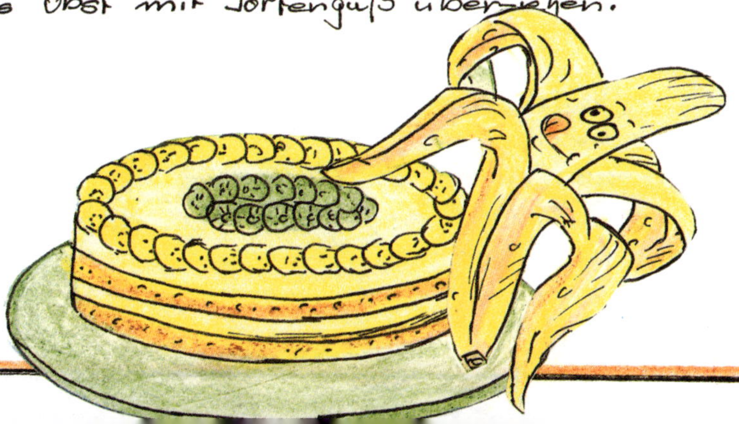

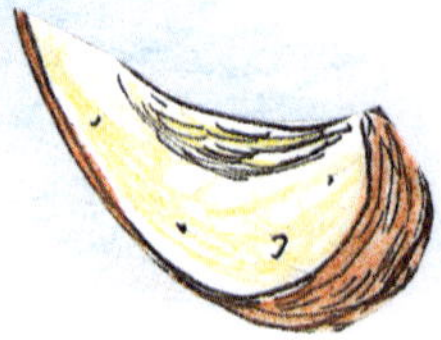

Südseetorte

Einen Mürbeteig aus
50 g Puderzucker, 100 g Butter, 125 g Mehl
25 g Kokosraspeln bereiten und bei ca. 190°C
etwa 12 Minuten backen. Nachher mit
30-50 g Aprikosenkonfitüre bestreichen.

Biskuitteig:
2 Eier, 2 El heißes Wasser, 65 g Zucker
75 g Mehl-Stärkemehlgemisch, 1 Msp. Backp.
Backzeit: Ca. 12 Min. bei 200°C.

Füllung:
500 g Äpfel schälen, achteln. In 1/8 l Wasser,
4 El Weißwein, 40 g Zucker dünsten. Die
abgeriebene Schale
1/2 Zitrone zufügen. Die Äpfel müssen
gar sein, dürfen aber noch nicht zerfallen.
Über ein Sieb schütten.

2-3 Kiwi in Scheiben schneiden.
1 Dose Papayawürfel abtropfen lassen.
400ml Obstsaft und 2 EL Zitronensaft mit
2 P. Tortenguß binden.
Das Obst mit dem gekochten Guß mischen.

Baisermasse:

2 Eiweiß aufschlagen,
2 EL Zitronensaft zufügen
75 g Zucker nach und nach darunter schlagen.
30 g Kokosraspeln und etwas
Zimt unterheben.

Zusammensetzen der Torte:

- Mürbeteig mit Konfitüre bestreichen.
- Biskuitboden auflegen, mit einem Rand umstellen.
- Obstmasse einfüllen,
- die Baisermasse darüber streichen oder aufspritzen.
- Die Torte bei 160°C ca. 15-20 Min. überbacken. Auskühlen lassen, Rand entfernen.

Advents- und Weihnachtbäckerei

Süßer die Glocken nie klingen,
als zu der Weihnachtszeit.
'S ist als ob Engelein singen
wieder von Frieden und Freud.

Glocken mit heiligem Klang,
Klingt doch die Erde entlang!

Das Weihnachtsfest

Es hat sich mit seinen vielen liebenswerten Eigenschaften, mit seinen Sitten und Gebräuchen, mit Weihnachtsbaum und Tannenzweigen, mit Kugeln und Kerzen, mit seinen volkstümlichen Weihnachtsliedern und Krippenspielen, mit Gebäck und Naschereien, als Familienfest für Groß und Klein entwickelt.

Das Weihnachtsfest ist aber auch das Fest des liebevollen Schenkens, des Beschenktwerdens und des Teilens.
Wenn auch die hastigen und atemlosen Einkäufe und Festvorbereitungen vielfach ein übertriebenes Ausmaß annehmen, so sind der Jubel und das Glück der Kinder mit ihren strahlenden, staunenden Augen genauso groß wie in alten Zeiten.
Aber auch zu keiner anderen Zeit des Jahres sind die Menschen so spendefreudig wie zur Advents- und Weihnachtszeit.

Schenken

Schenke groß oder klein, aber immer gediegen.
Wenn die Bedachten die Gaben wiegen,
sei dein Gewissen rein.

Schenke herzlich und frei.
Schenke dabei, was in dir wohnt
an Meinung, Geschmack und Humor,
so daß die eigene Freude zuvor
dich reichlich belohnt.

Schenke mit Geist –
ohne List.
Sei eingedenk,
daß dein Geschenk
du selber bist.

R. Ringelnatz

Weihnachtsbäckerei

Die Vorfreude auf eine beglückende Weihnacht, die Weihnachtsstimmung, wird vielfach durch den verlockenden Duft von selbst hergestelltem Weihnachtsgebäck hervorgerufen oder erhöht.
Weihnachtsgewürze schaffen ein körperliches Wohlbehagen und lassen zudem liebgewordene Kindheitserinnerungen wieder gegenwärtig werden.
Bereits seit dem 16. Jahrhundert kennt man würzige Spekulatius, Pfeffernüsse, Printen und Lebkuchen. Selbst wer im Laufe des Jahres wenig backt, plant zur Weihnachtszeit dennoch gern einen Backnachmittag ein.

Vielleicht sind es unsere körpereigenen Botenstoffe, die uns zur vorweihnachtlichen Bäckereien animieren. Denn die Weihnachtsgewürze wirken sich psychisch positiv auf unser ganzes Körperbefinden aus.
<u>Ingwer</u> wirkt besonders anregend auf unserem Körper.
<u>Nelken</u> wirken gleichzeitig anregend u. entspannend
<u>Orangenduft</u> verleiht neben einer positiven Gesamtstimmung ein Gefühl der Wärme.
Der Duft von <u>Zimt</u> beeinflußt unsere Botenstoffe, ein wärmendes und wohliges Gefühl zu übermitteln.

Und kommt heran die Weihnachtszeit
Jst Hauptsaison für Bäckersleut'.
Mit Rosin' und Mandelkern
Backen Klein' und Große gern
Zu dem hohen Weihnachtsfeste
Für sich und all die lieben Gäste.
Vom Backhaus ziehen durch die Lüfte
Wohlbekannte, süße Düfte
Ahnungsvoll durch's ganze Haus –
Vorboten für St. Nikolaus –
Sie künden uns, es ist so weit:
Freut euch auf die Weihnachtszeit!

Früchtebrot

3 Eier schaumig schlagen
125g Zucker langsam zugeben und mit
1 P. Vanillz. zu einer cremartigen Masse schlag.
125g Weizenmehl, 1 Messersp. Zimt
50g Speisestärke und
1/2 P. Backpulver mischen über die Eiermasse sieben und verrühren.
Vorbereitetes Trockenobst mit dem Teig vermischen und den Teig in eine gefettete Kastenform füllen.

Trockenobst:

125g gehackte Haselnüsse, 100g geh. Mandeln
125g getrocknete, kleingeschnittene Aprikosen
200g Rosinen, 125g gewürfeltes Zitronat – mischen u. 1/2 Fläschchen Rumaroma zugeben.

Den Kuchen im vorgeheizten Backofen ca. 70 - 90 Minuten bei 180 - 190°C backen.
In Alufolie verpackt, hält sich der Kuchen längere Zeit frisch.

Christstollen

750g Mehl in eine Schüssel geben
80g Hefe hineinbröckeln.
1/4l Milch erwärmen.
150g Zucker, 1 P Vanillezucker
250g Butter, 1 Pr Salz zur warmen Milch geben. Die Flüssigkeit mit dem Mehl u. der Hefe zu einem Teig verarbeiten.
200g Marzipan-Rohmasse in Stückchen zerpflücken
14El Rum, 1/2 Tl Zimt
250g vorbereite Rosinen, 50g Orangät
250g " Korinthen, 100g Zitronat
150g gestiftete Mandeln zum Hefeteig geben u. einarbeiten. Mit
250g Mehl verkneten, zugedeckt ca. 1-2 Stunden bei Zimmertemperatur gehen lassen, durchkneten u. zum Stollen formen, 10 Min. gehen lassen. Backofen auf 230° vorheizen, einschieben,

auf 190°C herunterschalten und etwa 75 Min. backen, herausziehen, mit 100 g zerlassener Butter bestreichen und mit 50 g Puderzucker bestäuben.

Quarkstollen

500 g Rosinen mit
75 ml Rum beträufeln und über Nacht stehen lassen.
500 g Weizenmehl in eine Rührschüssel geben
1 P. Backpulver zugeben, mischen.
150 g Zucker, 1 P. Vanillezucker, 1 Pr Salz
4 Tr. Backöl Bittermandel, je
1 Messerspitze gemahlene Nelken, Zimt, Ingwer, geriebenen Muskat, abgeriebene
Schale 1 Apfelsine, 2 Eier
175 g weiche Butter und 250 g Quark zugeben. Die Zutaten mit dem Knethaken eines Handrührgerätes zu einem Teig verarbeiten. Auf eine bemehlte Tischplatte legen.
250 g gehackte Mandeln, die Rosinen und
150 g Zitronat unterkneteten und zu einem glatten Teig verarbeiten, zu einem Stollen formen u. auf ein vorbereitetes Backblech
legen. Herd auf 250°C vorheizen, bei ca. 170°C etwa 1 Stunde backen. Mit Fett bestreichen u. Puderzucker bestäuben.

Gewürzkuchen

Rührteig

250g Butter
300g Zucker
3 Eier, 1 Tl Zimt
1 P. Vanillezucker, 1 El Rum
1 Msp. gem. Ingwer, abgeriebene Zitronenschale
je 1 Msp Kardamon und Nelken
500g Mehl, 1 P. Backpulver
1/8 l Milch
250g Rosinen, 50g Mandeln, gehackte
2 kleine geraspelte Äpfel
100g Orangat

Rührteig-Zubereitung siehe Seite 351.
Den Teig in eine vorbereitete Kastenform füllen.
Backzeit ca. 70 Min. bei 180 - 190° C.
1 - 2 El Aprikosenmarmelade erhitzen, den Kuchen sofort nach dem Backen damit bestreichen u. mit Zuckerglasur überziehen.

Oma's Nußkuchen

Rührteig:

275 g Butter mit 1/2 Fl. Rumaroma,
175 g Zucker und 1 P. Vanillez. schaumigrühren.
200 g Weizenmehl mit 1 gestr. Tl Zimt und
1 Tl Backpulver mischen und sieben.
4 ganze Eier im Wechsel mit dem Mehl (eßlöffelweise) zufügen. Zum Schluß
150 g gemahlene, geröstete Haselnüsse und
100 g gehackte Haselnüsse unter den Teig heben und ihn in eine gefettete, mit Backtrennpapier ausgelegte Kastenform füllen. Ca. 60 - 70 Min. bei etwa 180°C backen.

In den heißen Kuchen mehrmals mit einem Holzstäbchen stechen u. mit
5 El Rum bepinseln.
4 El Aprikosenmarmelade mit 3 El Wasser aufkochen, den Kuchen damit bestreichen und auskühlen lassen. Danach den Kuchen mit
Kuvertüre überziehen.

Nußbiskuittorte

6 Eiklar mit
80 g Zucker zu festem Eischnee schlagen.
6 Eigelb mit
120 g Zucker zu einer cremartigen Masse schlagen.
1 El Rum zufügen.
Auf die Eigelbmasse zuerst Eischnee, dann
200 g gemahlene Nüsse geben. Sorgfältig unterheben.
1 El Mehl mit
1/2 P. Backpulver mischen und sieben, mit
50 g Zwiebackbrösel mischen und unter die Teigmasse heben. Den Teig in eine vorbereitete Form füllen und 35 - 45 Min. bei 180°C abbacken. Auskühlen lassen.

Die Nußtorte 2 X durchneiden. Den unteren Boden zuerst mit Preiselbeeren, dann mit Sahne füllen. Die 2. Schicht mit Sahne füllen, mit Sahne bestreichen.

Nußtorte mit Rumrosinen

Rührteig:

200 g Butter, 150 g Zucker, 1 Ei
100 g Mehl, 150 g gemahlene Nüsse,
1 TL Backpulver.

In der 24 cm Ø-Form davon 3 Böden abbacken. Form mit Backtrennpapier auslegen, jeweils 20 Min. bei 200°C, mittlere Schiene abbacken.

1 1/2 Becher Schlagsahne (250 g Becher) steif schlagen und in 3 Portionen aufteilen:
1. Portion mit einer Packung Rumrosinen,
2. Portion mit 1/2 Tafel gerasp. Zartbitter-schokolade mischen
3. Sahneportion unverändert lassen.

Füllen:

Den 1. Boden mit einem Ring umstellen und nacheinander, wie angegeben, die 3 Portionen auf die 3 Böden verteilen. Die Seiten mit Sahne bestreichen und die Oberfläche mit geraspelter Schokolade oder mit gemahlenen Nüssen bestreuen, mit Sahnetupfer verzieren. Die Torte einfrieren u. 2 Stdn. vor dem Verzehr aus dem Gefriergerät nehmen.

„...Draußen vom Walde komm ich her,
ich muß euch sagen, es weihnachtet sehr.
Überall auf den Tannenspitzen
sah ich gold'ne Lichtlein blitzen...."

Zimtstangen

250 g Mehl, 75 g Zucker, 1 P. Vanillezucker
2 Tl Zimt, ½ Fl. Rumaroma, 1 Eigelb
125 g kalte Butter.

Die Zutaten zu einem Mürbeteig verarbeiten, kalt stellen.

Zum Bestreichen

1 Eiweiß nach und nach mit 50 g Zucker verschlagen.

Den Teig dünn ausrollen, Stangen 2½ x 6 cm ausschneiden, auf ein Backblech legen mit Eiweiß bestreichen, mit gehackten Mandeln bestreuen. 10 Min. bei ca. 190°C backen.

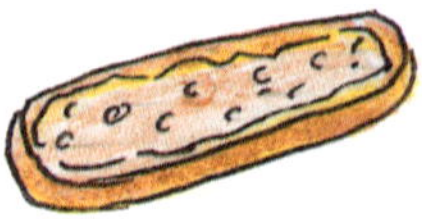

Mandelspekulatius

250 g Butter, 300 g Zucker.
100 g Marzipan-Rohmasse klein schneiden zugeben und verrühren.
1–2 Eier, 1-2 Tl gem. Zimt
½ Tl Kardamon, 1 Msp. Nelken, 1 Msp. Backp.
500 g Mehl, 1 Pr. Salz. Alle Zutaten zu einem glatten Teig verarbeiten. Über Nacht oder mindestens 2 Stdn. im Kühlschrank ruhen lassen.

Das Backblech mit Mehl bestäuben und mit Mandelblättchen bestreuen.
Den Teig ausrollen, Figuren ausstechen, auf's Backblech legen. Die Mandelblättchen, die nicht von den Figuren beckt werden, mit einem Pinsel entfernen. Sie können wieder eingesetzt werden. Im vorgeh. Backofen ca. 10-15 Min. bei 190°C abbacken.

Fruchthäufchen

200 g Butter
125 g Zucker
1 P. Vanillezucker
2 Eier
250 g Mehl, 1 Msp. Backpulver
1 Msp Kardamon
1 Msp Zimt, abger. Schale
1 Zitrone

Von den Zutaten einen Rührteig herstellen.
100g Mandeln, gehackte o. gestiftete,
100g Rosinen und
150g Zitronat zuletzt zugeben.
Mit 2 Teelöffel Häufchen auf's vorbereitete Backblech setzen.
Backzeit: 15-20 Min. bei 180-190° C.
Nach dem Erkalten mit einem Zitronenguß überziehen.

Walnußplätzchen

300 g Mehl
200 g Zucker, 1 P Vanillezucker
3 Tr. Bittermandelöl
1 Msp. Kardamon
1 Pr. Salz
200 g Margarine oder Butter

Aus den Zutaten einen Mürbeteig bereiten. 1 Stunde kalt stellen. Den Teig dünn ausrollen. Mit einer runden Form kleine Plätzchen ausstechen. Auf ein vorbereitetes Backblech legen. Backzeit: 5–10 Min. bei ca 180–190 °C. Nach dem Backen jeweils die Unterseite eines Plätzchens mit Gelee bestreichen, ein 2. Plätzchen darauflegen und gut andrücken.

Zum Garnieren Zartbitter-Kuvertüre erwärmen, die Plätzchen damit bestreichen und mit halben Walnußkernen garnieren.

Zitronenplätzchen

200 g weiche Butter schaumig rühren
150 g Puderzucker, abgeriebene Schale von
2 Zitronen und
6 El Zitronensaft so lange rühren, bis eine gebundene Masse entstanden ist.
2 Eigelb nach und nach zugeben, zwischendurch gut verrühren. Den Teig am besten mit dem Handrührgerät verarbeiten.
375 g Weizenmehl sieben und eßlöffelweise unterrühren.

Den Teig in einen Spritzbeutel füllen und Tupfer auf ein mit Backtrennpapier belegtes Backblech spritzen und etwas andrücken. Im vorgeheizten Backofen bei ca. 190 °C 12 Min. backen, erkalten lassen. Jeweils 2 Plätzchen mit Zitronengelee zu einem Doppelplätzchen zusammen setzen. Jeweils eine Seite in flüssige Kuvertüre tauchen.

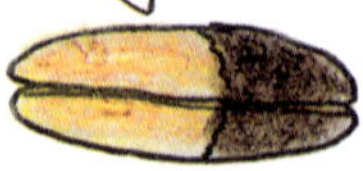

„Die Engel backen für Weihnachten", hieß es bei uns, wenn das Abendrot am Adventshimmel leuchtete.

Zitronenherzen

3 Eigelb mit
120 g Zucker u. 1 Vanillezucker schaumig schlagen, bis die Masse cremartig ist.
200-250 g gemahlene Mandeln o. Nüsse
1 Msp. Backpulver
3 Tr. Backöl Zitrone zugeben und unterrühren. Der Teig muß fest sein, darf aber noch etwas kleben.

Etwas Speisestärke auf ein Backbrett streuen, den Teig etwa ½ cm dick ausrollen, Herzchen ausstechen, auf ein vorbereitetes Backblech legen, bei 180-190 °C ca. 10 Min backen.

Sofort nach dem Backen mit einem Zitronenguß bestreichen.

Zimtsterne

Eiweißgebäck

4 Eiweiß zu Schnee schlagen
250g Puderzucker nach und nach zugeben.
Saft ½ Zitrone und
1 kleinen TL Zimt zufügen.
Siehe Grundrezept Baiser Seite 375.
⅓ der Schaummasse zurückstellen.
ein Gemisch von
250g gemahlenen Nüssen und Mandeln zu der ⅔-Menge geben.

Tischplatte mit Puderzucker bestäuben, den Teig darauf in kleinen Portionen vorsichtig etwa ½ cm dick ausrollen. Backblech mit Backpapier auslegen, Sterne ausstechen, Zimtsterne auf's Blech legen, dick mit der zurückgestellten Schaummasse bepinseln. 25 Min. bei 160°C backen.

Linzer Sternchen

Mürbeteig:

375g Mehl, 250g Zucker
250g geschälte, geriebene Mandeln
250g Butter, abgeriebene Schale
1 Zitrone, 1 P. Vanillezucker
1 Prise Salz, 2 Eier.

Alle Zutaten zu einem glatten Teig verkneten, Eine Stunde kalt stellen. Anschließend den Teig etwa 4 mm dick ausrollen. Aus dem Teig kleine Sternchen ausstechen; von der Hälfte der Menge in der Mitte ein Loch ausstechen.

Backzeit 8-12 Min. bei 180-200 °C.

Nach dem Backen die Sterne mit dem Loch mit Puderzucker besieben, die anderen mit Marmelade bestreichen, zum Doppelplätzchen zusammensetzen.

Pudelmützen

50 g	Zartbitter-Schokolade im Wasserbad schmelzen lassen.
200 g	gemahlene Haselnüsse
1	Messerspitze Zimt und
2 El	Rum in eine Schüssel geben, mit flüssiger Schokolade verrühren.
2	Eiweiß mit
100 g	Zucker steif schlagen darunterrühren,
ca 50 g	Paniermehl (Zwiebackbrösel) unter den Teig kneten.

Aus dem Teig nicht zu große Kugeln formen, in Hagelzucker wenden und auf ein vorbereitetes Backblech setzen.

Backzeit: ca. 15 Minuten bei 190 °C

Hausfreunde

3 Eier mit
250 g Zucker schaumig rühren
250 g gehackte Haselnüsse
100 g geriebene Schokolade
100 g Rosinen
150 g Mehl
1 gestrichenen Tl Backpulver
zugeben und unter die schaumig gerührte Masse heben.

Mit Hilfe von 2 Teelöffeln kleine Häufchen auf's vorbereitete Blech setzen.
Backzeit: ca. 15 Min. bei 190° C.

Abänderung:

Aus dem Teig Rollen formen, ca. 35 Min. bei 190° C backen, nach dem Backen in Streifen schneiden.

Engadiner

300 g Mehl
50 g Speisestärke
200 g Butter
150 g Zucker
2 Eier
1 El Rum, 200 g gemahlene Nüsse.

Alle Zutaten zu einem Knetteig verarbeiten
Aus dem Teig Rollen von 3-4 cm Durchmesser formen, kalt stellen, in ½ cm dicke Scheiben schneiden. Ca 20 Min. bei 190-200°C backen.

Nach dem Backen werden die Ränder mit Kuvertüre bestrichen.

Berliner Brot

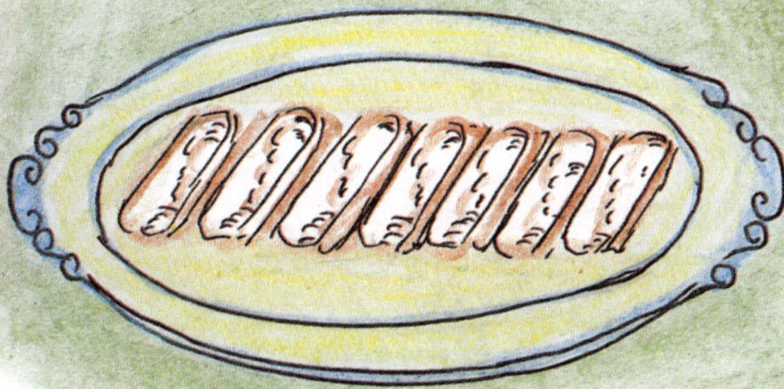

125g	Butter
150g	Zucker
2	Eier, 1 gestrichen El Zimt
250g	Mehl, 150g gem. Nüsse oder Mandeln
1 Tl	Backpulver, 1 Tl Kakao, 2 El Rum

Die Zutaten zu einem glatten Teig verarbeiten. Aus dem Teig Rollen von 3-4cm Durchmesser formen. Auf ein vorbereitetes Backblech setzen und etwas flach drücken. Backzeit: ca. 20 Min. bei 200°C. Nach dem Backen in Streifen schneiden und sofort mit einem Zitronenguß überziehen.

Guß: 2 El Zitronensaft
125g Puderzucker.

Me
Ge-
würze
Honigkuchenduft
aus dem Ofen quoll -
Verheißungsvoll!

Honigkuchen - Tips

- Den Honig nur langsam erwärmen, er darf nur kurz aufkochen.
- Bei Fettzugaben kann Honig und Fett zusammen erwärmt werden.
- Die Masse stets vor dem Weiterverarbeiten abkühlen lassen.
- Die Form des Gebäcks bleibt besser erhalten, wenn man statt Backpulver Pottasche oder Hirschhornsalz einsetzt. Außerdem kann der Teig länger ruhen, ohne daß das Triebmittel seine Wirksamkeit verliert.
- Vor dem Ausrollen muß der Teig wenigstens 1 Stunde im Kühlschrank auskühlen.
- Um ein Austrocknen zu vermeiden, sollte der Honigkuchenteig nicht dünner als 3/4 - 1cm ausgerollt werden.
- Die Bleche werden gefettet und leicht mit Mehl bestäubt, damit das Gebäck nicht zerläuft.
- Honigschnittgebäck stets in heißem Zustand schneiden.
- Honigkuchen zu Weihnachten zeitig backen! Er entwickelt erst durch Lagern sein volles Aroma.
- Kühl lagern!

Honigkranz

250 g Honig, 1 El Zucker
1 P. Vanillezucker
150 g Butter langsam erwärmen, in eine Rühr-schüssel geben. Die Masse fast kalt werden lassen. Danach
2 Eier, 3 El Aprikosenkonfitüre
1 Tl Zimt, je 1 Msp Nelken und Kardamon
1 Fläschgen Rumaroma, 2 Tr. Backöl Zitrone zugeben.
375 g Weizenmehl, 1 El Kakao und
1 P. Backpulver mischen, sieben und unter die Masse rühren. Zum Schluß
100 g gehackte Mandeln und
125 g Rosinen unterheben. Den Teig in eine vorbereitete Kranzform Ø 24 cm, füllen.

Backzeit 40 Min. bei ca. 190 °C.

Den fertigen Kuchen mit einem schwarzen oder weißen Guß überziehen.

Honigkuchen vom Blech

250 g Honig, 150 g Zucker, 65 g Butter und
1/8 l Bier langsam erwärmen und in eine Schüssel füllen, fast erkalten lassen. Dann
1 Ei, 1 Pr. Salz, 1 Tl Zimt, 1 Fl. Rum-Aroma,
4 Tropfen Backöl Zitrone, 4 Tropfen Bittermandel,
1 Msp. Kardamon, 1 Msp. Nelken zufügen und verrühren.
1 P. Backpulver mit
500 g Mehl mischen, darüber sieben, verrühren.

Den Teig gut 1 cm dick auf ein gefettetes Backblech streichen. Vor dem Teig, an der offenen Blechseite, einen mehrfach umgeknickten Streifen Alufolie legen. Backzeit: ca 20 Min. bei 190°C. Sofort nach dem Backen mit einem Zitronen-Zuckerguß überziehen. In etwa 5×6 cm große Stücke schneiden! In einer gut verschließbaren Dose aufbewahren.

Printen

250 g Honig, 75 g Butter 250 g Zucker
langsam erwärmen. Die flüssige Masse in eine Rührschüssel füllen, stark abkühlen lassen.
500 g Mehl, 1 P. Backpulver (oder
10 g Pottasche in 1 El Rum auflösen.)
1 Tl Zimt, Rumaroma, 50 g Zitronat, je
1 Msp. Kardamon und Nelken
200 g geh. Nüsse.

Alle Zutaten gut vermischt miteinander verkneten. Den Teig ausrollen, in 3 cm breite und 8 cm lange Streifen schneiden und auf's vorbereitete Blech legen. Backzeit: 12 - 15 Min. bei 180 - 190 °C.

- Wahlweise Haselnuß- oder Mandelhälften auf die Teigstücke legen (vor dem Backen).
- Nach dem Backen mit Zuckerguß o. Kuvertüre bestreichen.

Gefüllter Honigkuchen

200 g Honig, 100 g Zucker, 1 El Wasser, 1 Pr. Salz
50 g Butter langsam erwärmen,
abkühlen lassen.
2 Eier, 1 Tl Zimt, 2 Tr. Backöl Bittermandel
zufügen.
500 g Mehl mit 1 P. Backpulver mischen und
zu einem Knetteig verarbeiten. Reicht
für 3/4 eines Bleches.
2/3 des Teiges auf einem gefetteten Back-
blech ausrollen und an den Seiten etwas
hochziehen. Mit etwa
300-400 g Preiselbeermarmelade oder Pflaumenmus
füllen. Den restlichen Teig passend zu
einer Decke ausrollen, über ein Rollholz schlagen
und die Teigdecke auf die Marmelade abrollen
lassen. Mehrmals einstechen. Ca. 20 Min. bei 210°C
backen. Nach dem Backen sofort mit einem
Guß bestreichen. In 3 x 9 cm Streifen oder in
Dreiecke schneiden.

Bunte Lebkuchenfiguren

100 g Butter, 100 g Zucker
200 g Honig, 1 Tl Kakao erwärmen u. wieder abkühlen lassen.
1-1½ P. Lebkuchengewürz, 1 Ei
500 g Mehl, ½ P. Backpulver
Die Zutaten zu einem glatten Teig verkneten.
Eine Stunde im Kühlschrank ruhen lassen.

Den Teig ½ cm dick ausrollen, beliebige Figuren mit Hilfe von Papierschablonen mit dem Messer ausschneiden, vorsichtig auf ein gefettetes Backblech legen. Sollen die Figuren aufgehängt werden, ist ein Loch darin zu bohren. Ca 10-15 Min. bei 200°C abbacken. Danach mit reichlich Zuckerguß, Bonbons und Mandeln verzieren.

Spitzkuchen

300 g Honig u. 125 g Butter erhitzen und abkühlen lassen. 1 Tl. Kakao
200 g gehackte Mandeln, 1 Tl Zimt, je
1 Msp. Kardamon und gem. Nelken zugeben. Mit
500 g Mehl und 1 P. Backpulver zu einem Knetteig verarbeiten.

Den Teig ein paar Stunden oder über Nacht stehen lassen.
Rollen formen, auf's vorbereitete Backblech legen, die Rollen flach drücken.
Backzeit: 20 Min. bei ca. 190 °C.
Leicht abkühlen lassen, in Dreiecke schneiden.
Diese in Kuvertüre tauchen oder damit bestreichen.

Konfekt

Konfekt schmeckt süß,
es schmeckt nach mehr,
drum greifet zu – ich bitte sehr!

Mandelknusperhäufchen

Ein Backblech mit Alufolie belegen.

400g Kuvertüre – Vollmilchschokolade – in heißem Wasserbad auflösen, mit
100g Rumrosinen
150g Mandelstiften und
30g feingehacktem Zitronat mischen.
Mit einem Teelöffel kleine Häufchen abstechen und auf dem Backblech erstarren lassen.

Weinbrand - Konfekt

100 g Vollmilchschokolade und
50 g Zartbitterschokolade in heißem Wasserbad langsam schmelzen lassen.
125 g Butter mit
125 g Puderzucker schaumig rühren, eßlöffelweise flüssige Schokolade zugeben
1 Gläschen Weinbrand (2 cl) und
1 El Kakao zur Masse geben.

In Rollen formen, diese in gleichmäßige Stücke teilen. Die Hände reichlich mit Kakao bestäuben, die Stücke zu Kugeln formen.
In Kakao, Krokant oder in gemahlenen Nüssen wenden.
Die Kugeln in Pralinenmanschetten geben.

Pralinen

Die Zubereitungsart
für die folgenden Rezepte
ist gleich.

__Füllung – allgemein:__
Die im jeweiligen Rezept, siehe 321, angegebenen festen Zutaten werden mit Rahm, Kaffee oder Arrak zu einer geschmeidigen Masse verknetet. Hiervon werden gleichmäßige Kugeln hergestellt oder versch. kleine Formen ausgestochen und mit einem Überzug versehen.

__Überzug:__
200 - 250g Kuvertüre wird im Wasserbad geschmolzen. Soll sie glänzend bleiben, darf sie nur bis 35-37 °C erwärmt werden. Durch die Zugabe von 1-2 Stückchen Palmin wird die Schokolade etwas dünnflüssiger.
Die Formen werden in die Kuvertüre getaucht, auf Alufolie gelegt.

Die Pralinen können in gemahlenen Mandeln, Nüssen, gehackten Pistazien, Schokoladenstreusel oder Krokant gerollt oder damit verziert werden.

Mandelfüllung

125 g gemahlene Mandeln
125 g Puderzucker
mit Rum oder Rosenwasser verkneten.

Mandel-Nougat- oder Nuß-Nougat-Füllung

125 g gemahlene Mandeln oder Nüsse
50 g Nougat, flüssig
100 g Puderzucker
1 Tl Pulverkaffee mit wenig kochendem Wasser aufbrühen, löffelweise zugeben, verkneten.

Nuß-Korintenfüllung

125 g gemahlene Nüsse
125 g Puderzucker
Arrak
20 g Korinthen.

Marzipan-Konfekt

150 g gemahlene Haselnüsse
50 g feingehacktes Orangat, abgeriebene Schale
1 Apfelsine
200 g Marzipan-Rohmasse
2 El Orangenlikör.

Die Zutaten zu einem glatten Teig verkneten und walnußgroße Kugeln daraus formen, auf Alufolie setzen und leicht flachdrücken.

150 g weiße Kuvertüre mit
1 Ecke Palmin im Wasserbad auflösen. Die Kugeln damit überziehen. Etwas antrocknen lassen. Die restliche Kuvertüre mit
1 Tl Kakao mischen, die Kugeln damit bespritzen.

Ingwer-Konfekt

125 g Honig
100 g Zucker zum Kochen bringen und unter Rühren etwas einkochen lassen.
2 ganze Eier verschlagen
100 g Zwiebackbrösel, 50 g geh. Mandeln
4 feingehackte Aprikosen oder Trockenpflaumen, mit
1 Tl Ingwerpulver verrühren. Die Masse löffelweise zum Honigsirup geben.

Unter ständigem Rühren 5 Min. köcheln lassen. Eine Porzellanplatte mit Wasser abspülen u. die Ingwermasse darauf streichen. Mit Puderzucker bestreuen. Nach 10 Min. in 2 x 2 cm große Stücke schneiden.

Schokoladen-Konfekt

150 g Vollmilch- und 100 g Zartbitter-Schokolade
10 g Butter, 1 P. Vanillezucker im Wasserbad auflösen und abkühlen lassen.
75 g gehackte Mandeln und
90 g Cornflakes unterrühren. Von dieser Masse Häufchen auf Pergamentpapier setzen. Kühl aufbewahren.

Überraschungskugeln

Für den Läuterzucker:

30 g Zucker mit 30 ml Wasser zum Kochen bringen, den gelösten Zucker abschäumen und auskühlen lassen.

Biskuitteig:

Von 2 Eiern, 2 El Wasser, 100 g Zucker je
50 g Weizenmehl und Stärkepuder und etwas
Backp. einen Biskuitteig herstellen. Siehe S. 334, ca. 15 Min. bei 200° abbacken.

Zum Tränken: Den Läuterzucker mit
50 ml Weinbrand verrühren. Den Biskuitboden mehrmals mit einer Gabel einstechen, mit der Flüssigkeit tränken, das Gebäck abgedeckt auskühlen lassen.

Für die Trüffelmasse:

100 ml Sahne mit 2 El Milch einmal aufkochen lassen
2 El Instant-Kaffee unterrühren. Je
100 g Mokka- und Zartbitter-Schokolade in

kleine Stücke brechen und unter Rühren in der Sahne auflösen. Mit
1 P Vanillezucker u. etwas Salz würzen.
Den Biskuitboden zerkrümeln, in eine Rührschüssel geben, die warme Trüffelmasse zugeben, mit dem Knethaken des Handrührgerätes verkneten und kalt stellen. Masse in 30 Portionen teilen. Jede Portion mit
1 Cocktailkirsche zur Kugel formen, in zartbitteren Schokoladenstreuseln wälzen und bis zum Verzehr kalt stellen.

Calvados-Pralinen

5 getrocknete Apfelringe in sehr fein würfeln, mit
3-4 El Calvados oder Apfellikör übergießen, zugedeckt 3-4 Stunden stehen lassen.
200 g Schlagsahne aufkochen u. von der Kochstelle nehmen.
250 g Halbitter-Kuvertüre stückeln, mit
100 g Palmin zur Sahne geben, abkühlen lassen, bis die Masse halbfest ist, danach cremig aufschlagen. Die Apfelstückchen unterrühren. Mit einem Spritzbeutel Tuffs in Pralinenförmchen oder auf Alufolie spritzen.

Zum Garnieren können gehackte Pistazien, Mandeln, Cocktailkirschen o. Schokoladenblättchen eingesetzt werden.

Gewürzmakronen

Mandel- oder Nußmakronen laut Grundrezept Seite 375 mit 3 oder 4 Eiern herstellen. Zu der fertigen Masse gibt man noch folgende Zutaten:

40 g feingehacktes Zitronat
40 g feingehacktes Orangat
20 g Rosinen und 1 TL Zimt.

30 Min. bei 160 - 170°C backen. Nach dem Bakken je nach Belieben mit dünner Zitronen- oder Rumglasur überziehen. Man kann aber auch in die fertige Makronenmasse 100 g Zartbitter-Schokolade geben u. nach dem Backen mit Kuvertüre überziehen.

Gefunden und für Sie aufgespießt:

„Back – Schnadahüpfl"

Es sind vierzeilige, spitzbübische Gedichtstrophen, die nach der bekannten Melodie: „Dort oben auf dem Berge ..." gesungen werden.

Hanna, Popanna
rühr um, rühr mit Mut!
Frau Mutter, Herr Vater,
der Kuchen schmeckt gut.

Der Bäcker backt Kuchen
mit Nuß und mit Mohn,
und Kinder, die essen
so gerne davon.

Die Brötchen vom Bächer
die sind doch arg klein:
die schiebt uns der Lehrbub
durchs Schlüsselloch rein.

Vom Bäcker die Füße,
die sind immer rein;
der knetet den Dreck
in den Brotteig hinein.

Der Schornsteinfeger Klante
geht hin zu seiner Tante,
bekommt ein Stück Kuchen,
sagt nicht einmal danke!

Kuchenbacken ...

Wer will guten Kuchen machen,
der muß haben sieben Sachen:
Mehl und Zucker, weiß und fein,
dann Rosinen, groß und klein,
Eier frisch und Mandeln zart,
Butter von der besten Art,
und die Hefe noch hinein,
dann wird's guter Kuchen sein. –
Ei, wie das nun herrlich schmeckt,
daß man seine Finger leckt!
Kuchen ist mein Leibgericht,
Mamachen, das vergiß mir nicht!

C. Helm

„Meine Mutter schickt mich her,
ob der Kuchen fertig wär."
„Sag ein schönes Kompliment,
und der Kuchen ist verbrennt!"

Volksgut

II. Kapitel

Vom Grundrezept bis zum fertigen Backwerk

Biskuitteig

Der Biskuitteig

Er ist ein eierreicher, schaumiger, lockerer und feinporiger Teig, der ein elastisches Gebäck ergibt.
Die besondere Beschaffenheit, das Volumen und die feinporige Struktur des Teiges ist auf den hohen Gehalt an Eiern zurückzuführen.
Im Gegensatz zu Mürbe- und Rührteig enthält der klassische Biskuit kein Fett.

Grundzuten	Grundrezept I echter Biskuit	Grundrezept II. Backpulverbisk.
1 Ei	1 Stck ca. 60g	1 Stck. ca 60g
Zucker	30g	50 g
Mehl	30g	50g
Backpulver	—	1 Messersp.
heißes Wasser	~~½~~ 1 EL	1 Eßlöffel

Für die Herstellung einer Biskuittorte rechnet man etwa 5 Eier.

Heller Biskuit - Grundrezept

5 Eier
150g Zucker, 3 El kochendes Wasser
1 P Vanillezucker
75g Mehl
75g Speisestärke (Gustin oder Mondamin).
Etwa 45 Min. bei 175°C abbacken.

Schokoladenbiskuit

Zutaten

5 Eier
150g Zucker, 5 EL kochendes Wasser
70g Mehl, 70 g Speisestärke
ca 8-10g Kakao.
Mit der Kakao-Zugabe sollte man besonders vorsichtig umgehen, da der Kuchen durch größere Mengen fest und bitter wird.
Statt Kakao fülle ich 1 Päckchen Schokoladenpuddingpulver in den Meßbecher und gebe soviel Speisestärke hinzu, daß ich ein Gemisch von 70g erhalte.
Das Gesamtgemisch aus Stärke, Puddingpulver und Mehl beträgt dann 150g.
Sie können zwischen der Zubereitungsart A oder B wählen, je nach dem, welche Ihnen am geläufigsten ist.

Nuß- oder Mandelbiskuit

6 Eigelb mit 120g Zucker u ca. 5 El kochendes Wasser aufschlagen. Die Masse muß weiß und cremig sein.
6 Eweiß mit 50g Zucker steif schlagen. Eischnee unter die Eigelbmasse ziehen.
75g Speisestärke mit 1 TL Backp. mischen über die Biskuitmasse sieben. Mit
200g gemahlenen Mandeln oder Nüssen unterheben.
Etwa 45 Min. bei 175° - 185°C backen.

Biskuitteig – Zubereitung

Vorbereitende Arbeiten

- Backofen vorheizen
- Form mit Backpapier auslegen
- Bei Formen, die mit Kunststoff beschichtet sind, genügt, wenn nur der Boden eingefettet wird. Oder man streut ihn zusätzlich mit Paniermehl aus.
- Den Springformrand nicht einfetten! Eingefettete Ränder nehmen höhere Temperaturen an. Das bewirkt, daß sich die Randschicht des Gebäcks schneller verfestigt, als das Innere des Gebäcks. Der feste Rand verhindert das weitere Aufgehen, die Kuchenmitte geht hoch, der Kuchen erhält eine gewölbte Mitte.
- Sämtliche Zutaten abmessen.
- Alle Geräte bereitstellen. Die Voraussetzung für ein zügiges Arbeiten ist gegeben
- Sofort abbacken, damit das feine Porengerüst des Biskuits nicht zusammenfällt.

Biskuitmasse – Zubereitungsarten

A Zubereitung mit ganzen Eiern

- Die ganzen Eier werden mit Zucker, Vanillezucker und dem heißen Wasser aufgeschlagen. Es muß eine helle, cremeartige Masse entstehen. (Ca 10 Min. schlagen)
- Danach werden Mehl und Speisestärke über die Schaummasse gesiebt und leicht untergehoben.
- Je nach Wahl können die Zutatenmengen von Grundrezept I oder II eingesetzt werden.
  Grundrezept I ergibt eine besonders feinporige Biskuitmasse.

B Zubereitung mit getrenntem Eiweiß und Eigelb

- Stets gekühlte Eier einsetzen, sie lassen sich besser trennen.
- Eiklar und Eigelb getrennt in zwei saubere Schüssel geben. Anhaftendes Fett oder Eigelb verringert die Schaumbildung beim Eischnee.
- Eiklar aufschlagen, 1/3 der vorgesehenen Zuckermenge einrieseln lassen, zu Eischnee schlagen. Der Eischnee wird durch Zucker zäher und stabiler.
- Die Schneeschläger des Handrührgerätes

brauchen zum Schlagen der Eigelbmasse nicht ausgewechselt werden.

- Eigelb mit Zucker, Vanillezucker und heißem Wasser aufschlagen, so lange schlagen, bis die Masse eine lockere und cremige Beschaffenheit aufweist.
- Wird zuerst die Eigelbmasse und danach das Eiklar geschlagen, müssen die Schneebesen zwischendurch ausgewechselt werden.
- Eischnee unter die Eigelbmasse ziehen.
- Gesiebtes Mehl und Speisestärke unterheben.
- Teig in die vorbereitete Form füllen und sofort abbacken.

Bei dieser Zubereitungsart erhält man ein lockeres und elastisches Gebäck. Es ist aber nicht so feinporig, als wie bei der Zubereitung mit ganzen Eiern.

C Wiener-Biskuit oder Butterbiskuit

Da die Teigmasse Butter enthält, wird sie auch als „Halbbiskuit" bezeichnet.

6 Eier mit
150 g Zucker in eine Schüssel geben. Auf dem heißen Wasserbad mit dem Schneebesen des Handrührgerätes aufschlagen bis die Creme heiß, dann im kalten Wasserbad weiterschlagen, bis die Creme wieder kalt ist.
1 El Rum zugeben.
100 g Mehl und
50 g Speisestärke mischen, sieben unterheben.
60 g Butter in einem Topf zerlassen und heiß unter die Masse ziehen.
Backen: 30-40 Min. bei 180°C.

Tip: Geben Sie die Butter erst dann unter den Teig, wenn sie sprudelnd kocht.

Von wieviel Eiern soll der Biskuitboden gebacken werden?

Grundsätzlich gilt:
Je üppiger die Füllung, desto dünner der Tortenboden.
Soll die Torte eine üppige Obst-Sahne-Füllung erhalten, reicht durchweg ein Grundrezept von 3 Eiern für die 26 cm Ø-Form aus.

Backen der Biskuitmasse

Stets den Backofen vorheizen! Sofort abbacken, nicht in der Form stehen lassen!
Den Backofen zwischendurch nicht öffnen!
Die schwere kalte Luft legt sich dann auf das zarte Porengerüst und der Kuchen fällt.
Höhere Böden werden erst bei schwacher, dann bei mittelstarker Hitze gebacken.
Nach dem Backen den Kuchen 3-5 Minuten im geöffneten Backofen stehen lassen, dann aus der Form nehmen.

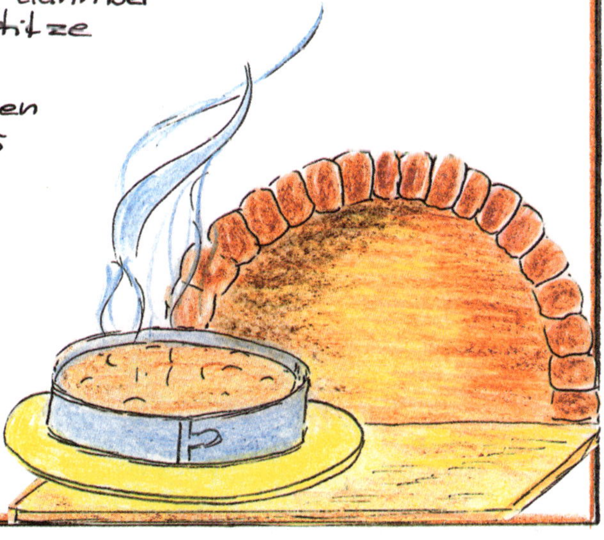

Siehe nächste Seite...

Abbacken:

Gebäckart	Einschiebhöhe	Hitze	Backzeit
Hohe Kuchen	untere Schiene	180°	40-50 Min
Halbhohe "	untere Schiene	190°	30-35 "
Flache Kuchen	mittlere Schiene	210°	10-12 "
wie Biskuitrollen			

Den gebackenen Kuchen auf einen Kuchendraht stürzen. Form lösen und entfernen, Backpapier abziehen. Den Kuchen auskühlen lassen!
1-2 Tage alte Biskuitkuchen lassen sich am besten verarbeiten.
Wird der Biskuitboden 2 Tage vor dem Verzehr gebacken, so kann er am folgenden Tag gefüllt und am Verzehrstag mit Sahne verziert werden. Andere Verzierungen, Güsse und Garnierungen können schon am Vortag getätigt werden. So vermeiden Sie unnötige Hektik vor dem Gästebesuch.
Die Biskuittorte erhält ihren speziellen Geschmack durch ihre jeweilige Füllung.

Mürbeteig

Mürbeteig ...

Diese Teigart wird nur wenig gelockert. Die typische Beschaffenheit des mürben Gebäckes beruht auf seinen hohen Butteranteil. Dieser sorgt auch für die notwendige Lockerung.

Die Zutaten:

Fette: Fettreiche Teige erfordern feste und wohlschmeckende Fette. Besonders wohlschmeckend wird das Gebäck, wenn darin Butter verarbeitet wird.

Mehl: Weizenmehl, Type 405 kann bis zur Hälfte ausgetauscht werden durch
- gemahlene Nüsse und Mandeln
- Zwiebackbrösel –
- bei pikantem Gebäck durch geriebenen Käse.

Zucker: Nur in feiner Form verwenden! Da der Teig wenig Flüssigkeit enthält, kann sich grober Zucker nicht vollständig auflösen. Zartes Mürbeteiggebäck mit Puderzucker bereiten.

Eier: Auf die Größe achten! Bei zu großen Eiern wird der Teig zu weich und verringert dadurch die Qualität des Mürbeteiges. Besonders mürbe wird das Gebäck, wenn statt ganzer Eier nur Eigelb eingesetzt wird.

Mürbeteigrezepte mit unterschiedlichen Mengenverhältnissen von Fett und Mehl

Das Mengenverhältnis von Fett und Mehl im Teig bestimmt die Eigenschaften des fertigen Mürbeteiggebäcks. Rezept I, mit dem Fett-Mehl-Verhältnis 2 : 3 ergibt ein ganz mürbes, leicht brechendes Gebäck. Eingesetzt wird es vor allem bei Kleingebäck und dünnen Tortenböden. Rezept II wird gern für Obst-Platten-Kuchen eingesetzt. Soll der Kuchen weniger kalorienreich sein, wählt man Rezept Nr. III.

Grundzutaten	Rezept I	Rezept II	Rezept III
Mengenverhältnis Fett und Mehl	2 : 3	1 : 2	1 : 4
Butter:	160 g	125 g	65 g
Mehl:	240 g	250 g	250 g
Zucker:	65 g	65 g	65 g
Ei:	1 Eigelb	1 ganzes Ei	1 g. Ei
Wasser:	—	—	2 EL
Backpulver:	1 Msp.	1 Msp.	1 TL

Die Gewürzzutaten sind bei allen Rezepten gleich: 1 P. Va-Zucker, 1 Pr. Salz, 3 Tr. Backöl Zitrone.

Teigmengen für die 26 cm-⌀-Form.

1. Dünne Mürbeteigböden,

die als Grundlage für Biskuittorten dienen: Der Boden wird besonders dünn, wenn Sie 50 g Puderzucker, 100 g Butter und 150 g Mehl einsetzen. Er wird etwas dicker, wenn Sie 1 Eigelb und 1 Msp. Backpulver zugeben. Gewürze siehe Tabelle. Etwa 15 Min. bei 180-190° backen.

2. Mürbeteigboden mit Rand

Die Zutatenmengen der Tabelle können bei der Teigbereitung zugrunde gelegt werden. Das sind also 240-250 g Mehl für den Boden mit Rand.

3. Mürbeteigboden ohne Rand

Die Zutatenmenge ist geringer als in der Tabelle angegeben.

Rezept I : 65g Puderzucker, 130g Butter, 200g Mehl.
Rezept II : 65g Puderzucker, 100g Butter, 200g Mehl.

4. Mürbeteig für Kuchenbleche

Je nach dem, ob der Boden etwas dünner oder dicker sein soll, bereitet man ihn von 400 oder 500g Mehl zu.
Die angegebenen Zutaten verdoppeln sich also.
Größere Teigmengen werden gern nach Art des gerührten Mürbeteiges zubereitet.
Hierbei werden Butter, Zucker und Ei schaumig gerührt und zum Schluß, das mit Backpulver vermischte Mehl hinzugegeben.

Die Zubereitung des Mürbeteiges und Zubereitungstips

Kalte Butter, Salz, Puderzucker, Zitronenaroma und Vanillezucker in eine Schüssel geben. Mit dem Knethaken des Handrührgerätes gut vermischen und verkneten. Danach erst das Mehl zugeben und zu einem glatten Teig verkneten.

Der Mürbeteig wird zu einer Kugel geformt, in Frischhaltefolie eingepackt oder zugedeckt 1 Stunde oder bis zur Verarbeitung kühl gestellt.

Bei 180 °C goldgelb abbacken.

Fehler bei der Teigbereitung:

1. Der brandige Mürbeteig

Wird der Mürbeteig zu warm verarbeitet, wird er klebrig und weich.
Das weiche Fett schiebt sich zwischen die Mehlbestandteile, so daß die notwendige Bindung nicht zustande kommen kann. Beim Ausrollen reißt der Teig leicht, und das fertige Gebäck zerfällt. Auf gar keinen Fall darf man

dem zu weichen Mürbeteig nach Gutdünken Mehl zufügen. Stattdessen stellt man ihn besser für kurze Zeit in den Kühlschrank.

2. Der zähe Mürbeteig

1 Dieser Fehler tritt in erster Linie bei verbilligten Mürbeteigrezepten auf, bei denen Milch zugesetzt wird. Kommt die Flüssigkeit direkt mit dem Mehl in Berührung, bevor das Mehl mit Fett verarbeitet wurde, quellen die Mehlbestandteile zu stark auf. Der Kleber verbindet sich, so daß sich das Fett nicht fein genug im Mehl verteilen kann. Der Teig wird zäh.

Verbilligte Mürbeteigrezepte werden darum vorteilhaft nach Art des gerührten Mürbeteiges hergestellt.

Zu jeder Zeit einsatzfähig

Der feine Mürbeteig, z. B. nach Art des Grundrezeptes I u. II, kann ohne Qualitätsverluste ein paar Wochen im Kühlschrank in einer Plastikhülle aufbewahrt werden.
Im Gefriergerät hält er sich, ohne Backpulver zubereitet, mehrere Monate.
Größere Mengen vor dem Einfrieren portioniert verpacken.

Formen und Backen des Mürbeteiges

- Den gekühlten Teig vor dem Verarbeiten kurz durchkneten, damit er geschmeidig wird und sich ausrollen läßt.
- Das Ausrollen des Teiges erfolgt jeweils in kleinen Mengen.
- Rollholz und Backbrett mit Mehl bestäuben.
- Nur wenig Mehl verwenden!
- Gleichmäßig ausrollen, zwischendurch häufig wenden, schieben, mit dem Pfannenmesser anheben, damit die Teigplatte nicht festklebt.
- Bleche und Kuchenformen brauchen für den fetthaltigen Mürbeteig nicht gefettet werden.
- Werden Formen wiederholt nacheinander eingesetzt, so sind sie vor jedem Einsatz mit kaltem Wasser abzukühlen.
- Möglichkeiten, den ausgerollten Mürbeteig zu transportieren:

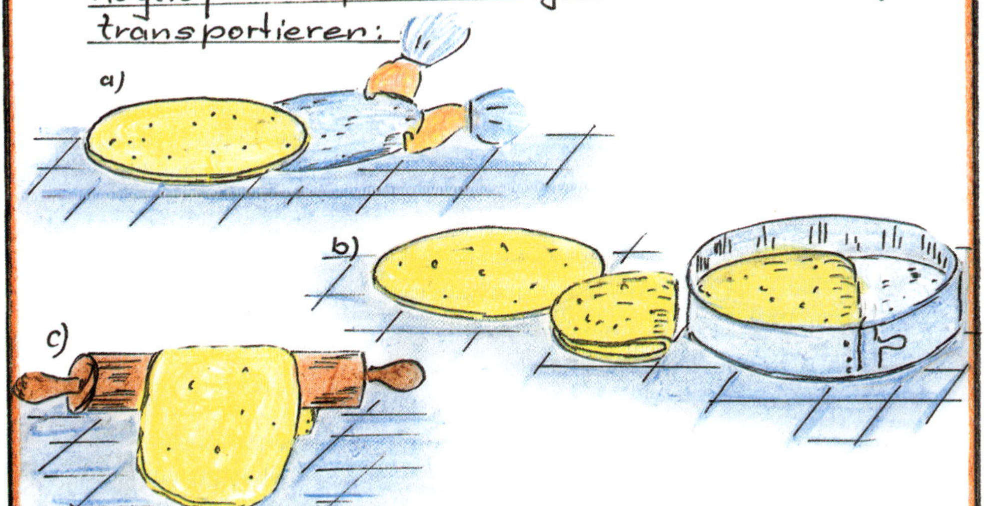

a) Eine runde Metall-oder Pappscheibe wird vorsichtig unter den Mürbeteig geschoben. An gewünschter Stelle läßt man den Teig wieder abgleiten.

b) Ist der Teig nicht ganz so mürbe, kann die Teigplatte von oben bemehlt, zusammengeklappt in die Form gelegt und wieder auseinander geklappt werden.

c) Mit Hilfe eines Rollholzes kann jede Form transportiert werden. Der Teig dehnt sich jedoch aus, wenn er über das Rollholz geschlagen und transportiert wird und verändert so seine Form.

Verschiedene Teigränder

Backt man den Boden in einer Springform ab, so kann man ihn mit verschiedenen Teigrändern versehen.

- Die einfachste Art ist, wenn man den Teig am 3cm hochzieht.
- Beim Kugelrand werden aus Teigresten Kugeln geformt und setzt sie dicht aneinander am Rand entlang.
- Rollrand: Die geformte Teigrolle am Rand entlang legen u. mit einem Finger oder Löffelstiel andrücken.

Hochgestellter Rand:

Ein ca. 3cm langer Streifen wird auf Länge ausgerollt, bemehlt, aufgerollt, am Teigboden angesetzt und am Springformrand abgewickelt.

An die Formenwand drücken.

Backen

- Vor dem Backen sticht man den Teig einige Male mit der Gabel ein, damit er keine Blasen wirft.
- Mürbeteig wird im vorgeheizten Backofen gebacken.
- Goldgelb abbacken. Zu helles Gebäck schmeckt fade, zu dunkles bitter.

Gebäckart	Einschiebhöhe	Temperatur	Backzeit
gedeckte Torten:	untere Schiene	ca. 200°C	30-45 Min
Tortenböden:	mittlere "	ca. 200°C	20-25 "
Kuchen, die vorgebacken werden:			
Vorbacken:	mittlere Schiene	ca 190°C	20 Min.
Weiterbacken:	" "	" 190°C	ca. 25 "
Kleingebäck:	" "	" 190°C	10-15 "

Rührteig
Rosi-
nen
Marken
Butter
Mehl
Zucker

Rührteige

Sie gehören zu den ältesten und beliebtesten Teigarten. Schon unsere Urahnen kannten und schätzten feines Gebäck aus Sandkuchenteigen, Marmor- und Rodonkuchen. Das heutige Gebäckangebot aus feinen Sandkuchen- und einfachen Backpulverteigen ist sehr breit gefächert.

Grundrezepte

I. Sandkuchenteig

- Es ist ein gerührter Teig, der aus gleichen Gewichtsmengen Butter, Zucker, Ei und Mehl besteht.
- Grundzutaten: 1 Ei (50g), 50g Butter, 50 g Zucker, 50g Mehl.
- Das Mengenverhältnis darf nicht wesentlich verändert werden, wenn das Gebäck eine sandige Beschaffenheit erhalten soll.
- Für den echten Sandteig verwendet man statt Mehl Speisestärke.
- Mehl oder Stärke können z. Teil durch gemahlene Mandeln, Nüsse oder Zwieback ersetzt werden.
- Als Lockerungsmittel kann Alkohol eingesetzt werden.

Sandkuchen

Grundrezept

Zutaten:

250 g Butter
250 g Zucker
4 Eier
125g Mehl
125g Speisestärke
2 EL Alkohol, Gewürze

Zubereitung:

- Butter sahnig rühren
- Eigelb und Zucker abwechselnd unter regelmäßigem Rühren hinzugeben (z. B. 1 Eigelb, 2 El Zucker. Je schaumiger Butter, Eigelb u. Zucker gerührt werden, desto lockerer, feinporiger und sandiger wird das Gebäck.
- Das Mehl gesiebt mit den geschmackgebenden Zutaten hineingeben.
- Zwischendurch kann etwa 1/3 des sehr steif geschlagenen Eischnees hinzugegeben werden,

damit der Teig nicht zu fest wird.

- Der übrige Eischnee wird zum Schluß hinzugegeben und nur locker unter den Teig gemischt.
- setzt man eine Küchenmaschine oder ein Handrührgerät ein, kann der Teig mit ganzen Eiern zubereitet werden, ohne daß Eiklar zu Schnee geschlagen wird.

Rührteig mit Backpulver / Grundrezept

Zutaten:

250 g Butter
250 g Zucker
5 Eier (250 g)
500 g Mehl
2-4 El Milch
1 Päckchen Backpulver

Die Fett- und Eiermenge kann im Verhältnis zur Mehlmenge erhöht oder vermindert werden. Je mehr Fett und Mehl verarbeitet werden, um so sandiger wird das Gebäck.
Wenn das Verhältnis von Fett, Zucker und Mehl 1 : 1 : 1 beträgt, wird auf Backpulver verzichtet, wird die Mehlmenge erhöht, muß Backpulver zugegeben werden.

Zubereitung:

Die Butter wird sahnig gerührt, dann werden unter regelmäßigem Rühren abwechselnd Zucker und Ei hinzugegeben.
Das gesiebte Mehl wird im Wechsel mit der kalten Milch untergerührt. Das Backpulver wir unter den Rest des Mehles gemischt.

Tips rund um die Teigbereitung

Vorbereitende Arbeiten

- Alle Zutaten abwiegen und bereitstellen
- Formen gut einfetten, evtl. mit Paniermehl oder Griess ausstreuen oder die Form mit Backpapier auskleiden.
- Damit der Kuchen eben aufgeht u. eine gleichmäßige Oberfläche erhält, ist es zweckmäßig, nur den Boden der Kuchenform mit Fett einzupinseln. Grund: Fett nimmt besonders hohe Temperaturen an. Der Teig wird an den mit Fett eingepinselten Kuchenrändern vorzeitig gar und verhindert dadurch ein gleichmäßiges Aufgehen des Kuchens. Es entsteht eine Wölbung.
- Auch bei allmählich ansteigender Temperatur kann eine gleichmäßige Lockerung erfolgen. Hohe Kuchen werden darum in den kalten Backofen geschoben.
- Rosinen und Korinthen werden nach dem

Waschen und Trocknen bemehlt. Das Mehl verhindert ein Verkleben und die Früchte können sich besser im Teig verteilen.

Tips für die Zubereitung

- Lange und intensiv rühren! Durch die Verarbeitung wird viel Luft in den Teig eingerührt. Die Luft dehnt sich beim Erhitzen aus und lockert den Teig.
- Gesiebtes Mehl zum Teig geben! Es besitzt ein größeres Luftvolumen als ungesiebtes Mehl.
- Das mit Mehl vermischte Backpulver erst zum Schluß unter die Teigmasse rühren.
- Schokolade, Rosinen oder Korinthen zuletzt in den Teig geben, unterheben, nicht verrühren. Zerquetschte Trockenfrüchte machen den Teig grau und unansehnlich.
- Bei Sandkuchenteigen kann die Lockerung durch Alkohol unterstützt werden. Die Hinzugabe von Alkohol unterstützt gleichzeitig die Bildung einer feinporigen Krume.
- Die Beschaffenheit des Teiges ist gut, wenn der Teig schwerreißend vom Löffel fällt.

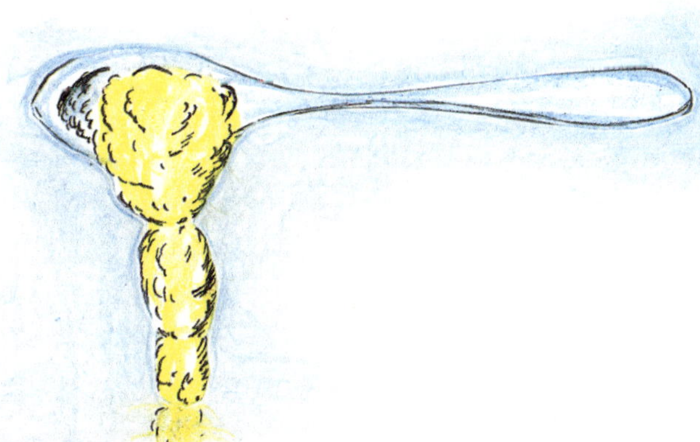

Abbacken des Sandkuchenteiges

Der Teig wird in die vorbereitete Form gefüllt und sofort abgebacken. Bei längerem Stehen würde die eingerührte Luft wieder entweichen
Da die Rührteigmassen während des Backens empfindlich gegen Zugluft und Erschütterungen sind, darf der Backofen während des Backens nicht zu früh geöffnet werden. Außerdem kommt beim Öffnen zu viel kalte Luft in den Backofen. Die schwere kalte Luft

Apfelkuchen mit Rahmguß

800-1000g Äpfel schälen, in Scheibchen schneiden, mit dem Saft ½ Zitrone.
40g Butter, 75g gehackten Mandeln und
75g Zucker dünsten.

Rührteig:

150g Butter, 150g Zucker, 2 Eier,
100g Mehl, 50g Stärkemehl, 1 Msp. Backp.
Rührteigzubereitung siehe Seite 350.

Den Teig in eine vorbereitete Springform füllen, die Äpfel darauf verteilen und mit einem Rahmguß überziehen.
Backzeit: Ca. 60-70 Min. bei 190-200°C.
Nach Belieben mit Zuckerguß überziehen.

Rahmguß:

2 Eier, 200 ml saure Sahne oder Schmand, 2 EL Zucker, 1 EL Zitronensaft, 1 gehäufter TL Stärkemehl oder Puddingpulver verquirlen.

Tip: Der Kuchen kann auch warm mit einer Vanillesoße oder mit Eis und Sahne serviert werden.

legt sich auf das noch weiche Teiggerüst, dieses fällt zusammen.

	Einschiebhöhe	Temperaturstufe	Backzeit
Hohe Kuchen	untere Schiene	mittelstarke Hitze Ofen nicht vorgeh.	60 - 75 Min.
Halbhohe Kuchen	mittlere Schiene	mittelstarke Hitze Ofen vorgeheizt	50 - 60 Min.
Platten-kuchen	mittlere Schiene	mittelstarke Hitze Ofen vorgeheizt	20 - 30 Min.

Garprobe:
Mit einem Holzstäbchen einstechen. Der Kuchen ist gar, wenn keine Teigreste kleben bleiben.
Ist der Kuchen braun, aber nicht gar, mit etwas Alufolie abdecken.

Nach dem Abbacken
ist es günstig, den Kuchen im abgeschalteten Backofen stehen zu lassen, etwa 5-10 Min., danach vorsichtig aus der Form nehmen.

Öl-Rührteig, Grundrezept

Wenn ein Kuchen im „Handumdrehen" zubereitet werden soll, dann empfiehlt sich der Öl-Rührteig! Er geht nicht nur schnell, er schmeckt auch gut.

Grundrezept:

4 ganze Eier mit
9 El Zucker 3 Min. schlagen.
9 EL Mehl, 1/2 P. Backpulver und
9 EL Öl zugeben.
Weitere 2-3 Minuten schlagen.

In eine Form füllen. Backzeit: 45-55 Min. bei 190-200°C.
Möchte man davon einen Schokoladenkuchen backen, so gibt man etwa 3/4 El Kakao in den Teig und verringert die Mehlzugabe um die gleiche Menge.

Dieser Teig eignet sich auch hervorragen für die Herstellung einer Schwarzwälder-Kirsch kirschtorte.

Siehe auch Obst-Öl-Rührteigkuchen Seite 278/279.

Hefeteig

Hefegebäck – eine rustikale Köstlichkeit, die von Kindern und Erwachsenen gern gegessen wird und fast immer paßt.

Ist die Zubereitung des Hefegebäcks mühsam und zeitraubend?

Viele Hausfrauen glauben es und haben darum das Hefegebäck aus ihrem Backprogramm gestrichen.
Zwar läßt sich der Hefeteig nicht im Hauruck-Verfahren herstellen, doch der Arbeitsaufwand hält sich durchaus in Grenzen. Hat man erst einmal die Anfangsschwierigkeiten überwunden, wird der Hefeteig sehr schnell zum festen Backprogramm gehören. Denn kein anderer Teig ist so vielfältig einzusetzen wie der Hefeteig.
Die rustikalen süßen Kuchen und Teilchen mit Streuseln, Obst, Trockenobst oder Nüssen sind genauso beliebt wie das herzhaft gewürzte pikante Gebäck mit Wurst, Speck, Zwiebeln und Tomaten.

Hefeteig

Er wird durch das organische Lockerungsmittel Hefe - das sind Kleinstlebewesen - gelockert.
Alle Zutaten und die Verarbeitung dieses Teiges sind auf die Lebensbedingungen der Hefe abgestimmt.
Die Hefepilze brauchen zum Leben und zum Gärungsprozeß Feuchtigkeit, Nahrung, Sauerstoff und Wärme. Die von den Zellen

abgegebenen Stoffe sind Kohlendioxid und Alkohol.
Kohlendioxid ist eine gasförmige Verbindung und treibt den Teig sofort in die Höhe.
Alkohol wird dagegen erst bei einer Temperatur von 78°C im Teig gasförmig, zeigt also erst während des Backens seine treibende Wirkung.

Hefeteig – Grundzutaten

1. Leichter Hefeteig ohne Fett

geeignet für Brot und Brötchen

500 g Weizenmehl
25-30 g Hefe
1/4 l Milch
1/2 Tl Salz

2. Mittelschwerer Hefeteig

geeignet für Hefeteigkleingebäck, für Plattenkuchen mit leichter Auflage

500 g Weizenmehl, 5 g Salz
30-35 g Hefe, 1 Ei oder 1 Eigelb
60 g Zucker,
75 g Fett, ca. 1/8 l Milch.

3. Schwerer Hefeteig

geeignet für Kuchen mit schwerer Füllung oder Auflage

500 g Mehl, 40 g Hefe, 5 g Salz
100 g Zucker, 100 g Fett
1-2 Eigelb, 1/8 l Milch.

Eier im Hefeteig

Der Hefeteig kann mit und ohne Eier zubereitet werden. Durch die Eizugabe verringert sich die Flüssigkeitsmenge.
Durch die Zugabe von Eigelb erhält man einen hochtreibenden, nicht breitfließenden Teig.
Ganze Eier lassen das Gebäck schnell austrocknen.

Mehl kann beim Hefeteig nicht ausgetauscht werden

Es ist nicht möglich, Mehl gegen Stärke, Zwieback oder Mandeln auszutauschen, weil der Kleber des Mehles für die Bildung der Krume notwendig ist.

Zubereitung des Hefeteiges

Erste Art der Zubereitung:

Ansetzen eines Vorteiges

- 3/4 der Mehlmenge in eine Schüssel sieben und eine Vertiefung eindrücken.
- Die Hefe mit etwas lauwarmer Milch und 1/2 Tl Zucker verrühren, in die Vertiefung geben und mit etwas Mehl bestreuen.
- Butter wird in Flöckchen auf den Mehlrand gelegt, Zucker und Salz darüber gestreut.
- Danach wird die Schüssel mit einem Tuch abgedeckt, damit sich die Wärme darunter speichern kann.
- Den Vorteig etwa 20 Min. an einem zugfreien Ort „gehen" lassen, bis sich das Volumen

um das Doppelte vergrößert hat.

- Dann wird der Rest der warmen Milch und evtl. Eigelb hinzugegeben und mit dem Vorteig und mit dem Mehl verarbeitet. Der Teig wird solange geschlagen, bis er weich und geschmeidig ist und Blasen wirft.
- Das restliche Mehl wird zugefügt und darunter geknetet. Auf dem bemehlten Backbrett wird daraus eine Teigkugel geformt, diese legt man in eine Schüssel, deckt ein Tuch darüber und läßt den Teig um das Doppelte seines Volumens aufgehen.
- Anschließend wird der Teig durchgeknetet und geformt.
- Das geformte Gebäck legt man auf ein vorbereitetes Backblech, läßt es um das Doppelte seines Volumens aufgehen und backt es dann im vorgeheizten Backofen bei ca. 220°C. ab.

Zweite Art der Zubereitung:

Gleichzeitige Verarbeitung aller Zutaten

Alle Zutaten werden erwärmt und mit 3/4 der Mehlmenge verarbeitet. Der Teig wird so lange geschlagen, bis er Luftblasen wirft. Das restliche Mehl, bis auf die Menge, die zum Ausrollen benötigt wird, wird zugegeben

und verknetet.
Den Teig zu einer Kugel formen, in eine Schüssel legen und mit einem Tuch abdecken. Dann läßt man den Teig aufgehen. Wenn er das Doppelte seines Volumens erreicht hat, wird der Teig noch einmal durchgeknetet, geformt und gebacken.

Bei der Benutzung einer elektrischen Küchenmaschine wird diese Methode mit Vorliebe eingesetzt. Bei kleineren Teigmengen kann man auch die Knethaken des Handrührgerätes einsetzen.
Alle Zutaten werden 5 Min. mit dem Knetwerk verarbeitet. Danach gibt man das restliche Mehl hinzu, verknetet es, läßt den Teig in einer abgedeckten Schüssel aufgehen, knetet noch einmal durch und formt ihn dann zum gewünschten Gebäck.

Hinweis:

Hefe entwickelt sich am besten bei einer Temperatur von 30 - 37 °C. Bei einer Temperatur von 50 °C sterben die Hefepilze ab.
Zum Aufgehen des Hefeteiges genügen Zimmertemperaturen. Das aufgelegte Tuch kann die Wärme in der Schüssel speichern, ist aber trotzdem luftdurchlässig. Durch einen zu langen Gärprozeß wird das Gebäck grobporig und trocken.

Vollkorngebäck – mit Hefe zubereitet

Vollkornmehle, auch Schrot genannt, sind in der Struktur gröber und in der Farbe dunkler als Auszugsmehle. Der feingemahlene Schrot läßt sich wesentlich leichter verarbeiten als Grobschrot.

Zutaten:

1 Kg	Weizenschrot
70 g	Hefe
1 Pr	Zucker
ca ½ l	Milch
2 Tl	Salz
2	Eier.

Je nach Belieben Haferflocken, Sesam- oder Sonnenblumenkerne.

Abänderungen der Zutaten:

Je nach Geschmack und Belieben kann das Mehl unterschiedlich zusammengesetzt werden, z. B.:

- 500g Weizenvollkornmehl und 500g Weizenmehl Typ 405
- 600g Weizenvollkornmehl und 400g Roggenmehl Typ 1150
- 1000g Weizenvollkornmehl
- Auf Eier kann verzichtet werden.
- Statt Milch kann Wasser eingesetzt werden.

Zubereitung in Arbeitsschritten:

- 3/4 der Mehlmenge, zerbröckelte Hefe, Zucker, Salz und Eier in eine Schüssel geben, mit lauwarmem Wasser oder Milch verrühren.
- Den Teig mit dem Handrührgerät so lange schlagen, bis er glänzt und Blasen wirft – etwa 1/4 Stunde.
- Das restliche Mehl mit der Hand unterkneten. Der Teig muß 12–15 Minuten auf einer bemehlten Arbeitsfläche verknetet werden. Vom ausreichenden Kneten des Teiges hängt die Qualität des Brotes ab. Ungenügendes Verkneten ergibt krümeliges Brot. Die angegebene Mehlmenge nicht überschreiten. Zum Schluß mit feuchten Händen einen Teigkloß formen, eine Schüssel mit Vollkornmehl ausstreuen und mit einem feucht-warmen Tuch abdecken.
- 30–40 Minuten gehen lassen. Hat der Teig das Volumen verdoppelt, nochmals durchkneten.
- Den Teig zu einer Rolle formen und in eine gut ausgefettete, mit Schrot, Haferflocken, Sesam oder Sonnenblumenkernen ausgestreute Form geben, mit einem feucht-warmen Tuch abdecken, nochmals 10–15 Min. aufgehen lassen.
- Im vorgeheizten Backofen bei sinkenden Temperaturen abbacken. 30 Min. bei 250°, weitere 30 Min. bei 200 °C.

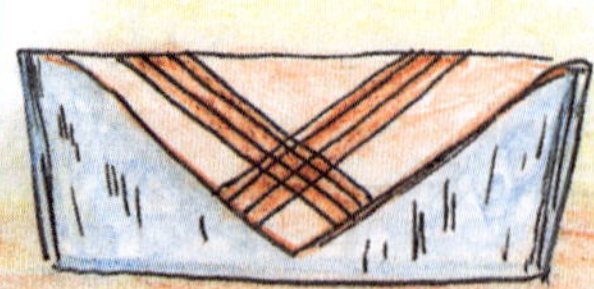

Hefeteig – Zubereitung auf kaltem Wege – oder: die kalte Führung

Wird die Zubereitung des Hefeteiges auf kaltem Wege durchgeführt, kann die Hefe ihre Triebkraft nur minimal entfalten.
Diese Art der Zubereitung ist sinnvoll,
- wenn der Hefeteig eingefroren werden soll,
- wenn man daraus Plunderteig bereiten möchte
- wenn man vor dem Verzehr ohne größeren Arbeits- und Zeitaufwand frische Brötchen oder anderes Hefegebäck abbacken möchte.

Man läßt den kalten Teig vor dem Formen in der Wärme aufgehen, gibt das geformte Gebäck auf ein vorbereitetes Blech, läßt es nochmals aufgehen und backt es ab.

Einfrieren des Hefeteiges

Größere Kältetemperaturen werden von den Hefezellen gut vertragen. Mit zunehmender Kälte verringert sich der Gärprozeß, bis er vollständig unterbunden ist. Günstige Temperaturen bringen ihn wieder in Gang.
Hefeteig läßt sich gut einfrieren. Man sollte jedoch bei der Zubereitung die Hefemenge um die Hälfte vergrößern.
Den Teig bei ca. 20°C 3-4 Stdn. auftauen.

Damit sich bei der Zubereitung des Hefeteiges keine Fehler einschleichen ...

Hitze

Wird die Hefe mit zu heißer Flüssigkeit angesetzt, oder setzt man den Teig zum Aufgehen auf kochendes Wasser oder in den erwärmten Backofen, so gerinnt das Eiweiß der Hefezellen, und diese sterben ab.

Salz und Zucker

Beim Ansetzen der Hefe nicht zu viel Zucker nehmen! Salz nicht direkt auf den Hefeansatz streuen!

Zucker und Salz ziehen Wasser an und binden es, so daß die Hefezellen es nicht mehr nutzen können.

Gärzeit

Wird der Teig zu lange warm gehalten, wird der Teig vollständig von CO_2 durchsetzt. Ein O_2-Mangel entsteht. Der aufgegangene Hefeteig

fällt wieder.
Wenn der Hefeteig während des Gärprozesses kurz durchgeknetet wird, entweicht überschüssiges Kohlendioxid, und Sauerstoff gelangt wieder in den Teig.

Fett

In geringen Mengen fördert Fett die Elastizität des Klebers und damit die Bildung eines größeren Volumens.
Zu viel Fett schränkt dagegen die Gärkraft der Hefe ein, da es sich wie ein feiner Film um die Hefezellen legt.

Eizugabe

Ganze Eier lassen den Teig schnell austrocknen. Durch Eigelb erreicht man einen hochtreibenden, nicht breitfließenden Teig.

Flüssigkeitszugabe

Jedes Mehl besitzt eine unterschiedliche Flüssigkeitsaufnahme! Nicht die angegebene Flüssigkeit auf einmal zugeben, etwas zurücklassen und bei Bedarf einsetzen.

Teigmengen

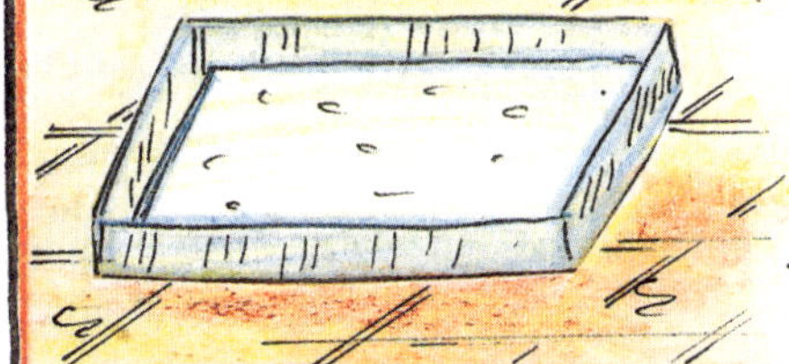

Ein Grundrezept von 500 g Mehl reicht für 1 1/2 Kuchenbleche.

Hefeteig - Sauerteig

Bei der Verarbeitung mit Hefe kann ein Teil des Mehles, bis zu einem Drittel, aus Roggenmehl bestehen.

Will man zum Backen halb Roggen- und halb Weizenmehl einsetzen oder nur mit Roggenmehl backen, kann man auf den Einsatz von Sauerteig nicht verzichten.
Roggenbrote bleiben länger frisch und sind kräftiger im Geschmack.
Weizenbrote schmecken frisch am besten.
Größere Mengen einfrieren!

Sauerteig

1 1/2 Kg Vollkornmischmehl (Menge f. 2 Brote)
3/4 l Wasser 2 Tl Salz
60 g Sauerteig, 20 g Hefe.
(Sauerteig ist im Handel erhältlich.)

- Das Mehl warmstellen
- 250 g Mehl mit 1/4 l warmem Wasser und dem Sauerteig verrühren.

Diesen Vorteig zugedeckt 2-3 Stunden gären lassen

- Danach 1/4 l warmes Wasser und 350 g Mehl zufügen und zu einem dicklichen Brei verrühren. Zugedeckt warm stellen und über Nacht gären lassen.
- Teig mit der restlichen Wassermenge, Salz, Hefe und dem restlichen Mehl vermischen und etwa 10 Minuten tüchtig verkneten. Zu viel Flüssigkeit ergibt streifiges Brot, zu wenig Flüssigkeit ergibt trockenes Brot.
- Den Teig zu Broten formen, einkerben, 1½ Stunden gären lassen.
- Im vorgeheizten Backofen werden die Brote 30 Minuten bei 240°, weitere 60 Min. bei 200°C gebacken.
  Garprobe: durchgebackenes Brot klingt hohl.

Brot und Brötchen –

Aufbewahren und Auffrischen

Daß Brot und Brötchen auch bei richtiger Lagerung nicht ofenfrisch bleiben können, ist jedem klar. Roggenschrotbrot kann etwa 10 Tage lang frisch schmecken, während Weißbrot schon nach Stunden „altert". Am schnellsten wird die Veränderung, das Altbackenwerden beim Brötchen sichtbar. Schon Stunden später verliert das Brötchen die glänzende, knusprige Oberfläche, die Kruste wird weich, aromatischer Duft und herzhafter Geschmack gehen verloren.

Das Brot, die Brötchen – genauer die verkleisterte Stärke – verliert beim Lagern Wasser, sie „entquillt". Durch einfaches Erhitzen kann dieser Vorgang einmal wieder rückgängig gemacht werden. Sind die Brötchen schon einen Tag alt, stellt man beim Aufbacken eine Schale mit heißem Wasser in den Backofen, um weiteres Austrocknen zu verhindern. Das Altbackenwerden geht am schnellsten bei 0 °C vor sich. Brot nicht im Kühlschrank lagern. Durch Tiefkühlen läßt sich das Altbackenwerden verhindern.

Eiweißgebäck ist beliebt

Es zeichnet sich aus

- durch eine einfache und schnelle Zubereitung.
- ist ideal als Resteverwertung für nicht gebrauchtes Eiweiß.
- biedet vielseitige Verwendungsmöglichkeiten
  als Plätzchen zum Fünf-Uhr-Tee,
  als gespritzter Tortenrand für Mürbeteigboden.
  Makrönchen schmecken zu Kaltschalen und Desserts und sind hervorragend geeignet zum Verzieren von Torten und Süßspeisen.

Baiser - Grundrezept

4 Eiweiß mit dem Saft
½ Zitrone fast steif schlagen.
250g Zucker löffelweise zugeben und schlagen, bis die Masse sehr steif und glänzend ist.

Beschaffenheit der Baisermasse

Beim ersten Schneebesen ist die Schaummasse zu flüssig, siehe Bild.
beim zweiten werden Spitzen sichtbar, die Masse ist richtig,
beim dritten wurde die Masse zu lange geschlagen und wurde darum flockig.

Verwendungsmöglichkeiten

1. Plätzchen

Mit Hilfe von Spritzbeutel und Tülle kleine Häufchen auf ein gefettetes u. bemehltes Backblech spritzen. Die Größe richtet sich nach der Verwendung.

Ca. 60 - 70 Min. bei 130° C backen.

Je nach Belieben können sie nach dem Backen zur Hälfte mit Schokolade überzogen werden. Die Plätzchen werden mit Vorliebe zu Eis gereicht.

2. Schaumkonfekt

Baisertupfer werden kreisförmig auf ein vorbereitetes Blech gespritzt, leicht mit Puderzucker bestäubt und abgebacken. Sobald sich das Gebäck fest anfühlt, ist es fertig.

Es kann auch auf Vorrat gebacken und in gut verschließbaren Dosen aufbewahrt werden.

Kurz vor dem Verzehr können die Kränzchen gefüllt werden, z. B. mit einer großen Erdbeere oder anderem Obst.

Oder man setzt sie auf Mürbeteigplätzchen, die man vorher mit Kuvertüre oder Konfitüre bestrichen hat, und füllt sie mit Obst und Sahne.

3. Obst - Baiser - Torte

Kuchen mit säuerlichem Obstbelag, wie Rhabarber- oder Stachelbeerkuchen werden gerne mit einer Baisermasse überbacken. Hierfür schlägt man
3 Eiweiß mit
150g Zucker zu steifem Schnee. Die Masse wird über das angedickte Obst gestrichen. Danach drückt man mit einem Eßlöffel Vertiefungen ein, bestreut die Oberfläche mit
40g gehobelten Mandeln oder Haselnüssen und überbackt die Obsttorte ca. 15-20 Min. bei 160-170°C.

4. Baiserüberzug für Kleingebäck

z. B. für Zimtsterne oder Non plus ultra.
1 Eiweiß mit
50g Zucker auf dem Wasserbad warm schlagen
1El Zitronensaft zugeben, kalt weiter schlagen, bis die Masse glänzend und steif ist. Danach mit einem Pinsel auf den ausgestochenen Teig bringen u. abbacken.

5. Baiserböden für Eistorten

Siehe Grundrezept S. 372.

Makronenmasse - Grundrezept

1 Eiweiß, 1 EL Zitronensaft
50-60g Zucker
50-60g Mandeln, gehobelte oder gemahlene Nüsse oder Kokosraspeln.

Zubereitung:

- Eiweiß fast steif schlagen
- Puderzucker oder feinkörnigen Zucker im Wechsel eßlöffelweise zugeben.
- So lange schlagen, bis die Masse glänzend ist und Spitzen bildet. Dann
- gehobelte, gehackte oder gemahlene Mandeln, Nüsse oder Kokosraspeln unter die schnittfeste Schaummasse ziehen.

- Ist die Masse zu weich, gibt man noch etwas Zwiebackbrösel hinzu!
- Man setzt die Makrönchen mit Hilfe von kleinen Löffeln auf Oblaten oder auf ein vorbereitetes Backblech.
- Bei niedrigen Temperaturen abbacken, ca. 25 Min. bei 170° C.
  Der innere Kern muß feucht bleiben.
  Frisch schmecken Makronen am besten.

Haferflocken - Makronen

4 Eiweiß
200 g Puderzucker
1/2 Zitrone - von den Zutaten eine Schaummasse herstellen.
200 g Haferflocken und
100 g gemahlene Haselnüsse unterheben.
Makrönchen auf's Blech setzen und ca. 25 Min. bei 170° backen.

Für Hobbybäcker

die Zubereitung von Blätterteig

Zugegeben, Gebäck, das blättern soll, ist etwas arbeitsaufwendiger herzustellen. Doch es schmeckt, und der Erfolg ist der Lohn für die Mühe!
Probieren Sie einmal selbsthergestelltes Gebäck aus Plunderteig!

Übrigens, sowohl der Teig als auch das fertige Gebäck läßt sich wunderbar einfrieren ...

Blätterteig ist ein Nudelteig mit eingeschlagener Butter.
Durch wiederholtes Ausrollen und Übereinanderschlagen entsteht eine feine Fett-Teig-Schicht. Das Fett trennt die einzelnen Teigschichten voneinander.
Der während des Backens entstehende Wasserdampf kann Schicht um Schicht etwas anheben. Es entsteht ein lockeres, splittriges, saftiges Gebäck.

Heute wird fast in allen Küchen der von der Lebensmittelindustrie zubereitete Tiefkühlblätterteig eingesetzt. Trotzdem möchte ich in meinen Ausführungen auf die Zubereitung des Blätterteiges nicht verzichten.
Denn auch für die Herstellung des Plunderteiges, des schnellen- und Quarkblätterteiges ist die „Tourengebung" erforderlich.
Und auf die Zubereitung dieser Genüsse möchte mancher Hobbybäcker nicht verzichten.

Grundrezept

Echter Blätterteig

Für den Vorteig - Nudelteig

Zutaten:

250 g Mehl
1/8 l Wasser, 1 Pr. Salz
1 El Essig - er unterstützt und stärkt den Kleber
30 g Butter, 1 El Rum

- - - - - - - - - - - - - - - -

Zum Einschlagen:
250 g Butter, 50 g Mehl, die beiden Zutaten werden zu einem Butterteig verarbeitet.

Zubereitung:

Alle Zutaten müssen kalt sein.
Mehl in eine Schüssel sieben, eine Vertiefung eindrücken, Salz, Essig, Butter, Rum und Wasser hineingeben. Etwas Wasser zurückhalten, da die Wasseraufnahme von der Mehlsorte abhängig ist. Die Zutaten zu einem mittelfesten Teig verarbeiten.
Der Vorteig ist intensiv und kräftig zu schlagen und zu verarbeiten. Er muß kleberreich und elastisch sein, sonst zieht sich das Gebäck später im Ofen zusammen.
Der Teig wird zu einer Kugel geformt und kreuzweise eingeschnitten, damit sich der Teig entspannen kann.

15 – 30 Minuten auskühlen lassen.
Wichtig! Während des Auskühlens muß das Teigstück eingepackt oder zugedeckt sein!

Sonst trocknet die Oberfläche an, der Teig bleibt nicht elastisch.
Während der Teigruhe kann die Butter vorbereitet werden.

Tourengebung

Die weitere Zubereitung – die Durchführung der einzelnen Touren – wird sowohl für den

- echten Blätterteig,
- Hefeblätterteig und für den
- Quarkblätterteig eingesetzt.

Die mit Mehl verknetete Butter legt man zwischen 2 Pergament- oder Backtrennpapiere und formt das Teigstück mit Hilfe der Backrolle zu einer rechteckigen Platte. Die Butterplatte soll etwa 3/4 der Teigplattengröße entsprechen.

Das erste Viertel – das unbelegte Teigstück – wird bis zur Mitte geschlagen.

Das doppelte Teigstück wird weiter umgeschlagen, so daß das Teigstück zum Schluß nur noch 1/4 der ursprünglichen Größe besitzt.

Offen

Bevor man mit dem Rollen beginnt, das Teigstück so hinlegen, daß die offenen Kanten nach oben und unten zeigen.

Beim Ausrollen immer die Richtung einhalten, nur zu den offenen Kanten rollen! Leicht u. gleichmäßig rollen! Nicht mit dem Rollholz drücken und schieben! Die einzelnen Schichten würden sich dadurch verschieben und reissen. Die Teigplatte ab und an vom Backbrett lösen, wenn notwendig, etwas bemehlen. Auf keinen Fall darf der Teig am Backbrett festkleben. Hat das Teigstück die ursprüngliche Größe wieder erreicht, dreht man es so, daß die längere Seite vor einem liegt und fängt wieder an zu falten.

Die doppelte Tour:

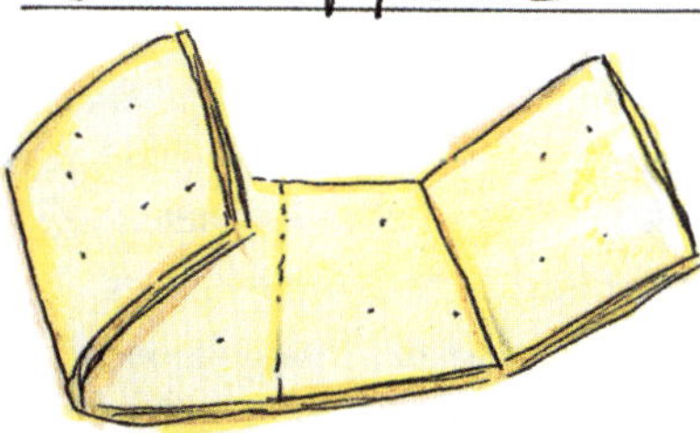

Beide Seiten gleichmäßig zur Mitte schlagen, Zwischen den offenen Kanten in der Mitte etwas Spielraum lassen. Danach das Teigstück zuklappen wie ein Buch.

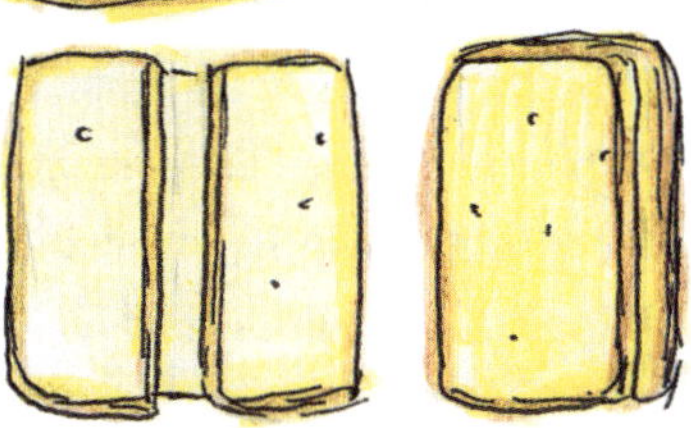

Anschließend wird der Teig zum Durchkühlen und Entspannen etwa 20 Min. in den Kühlschrank gelegt. Gut verpackt hineinlegen! Sonst trocknet die Teigoberfläche an und die Elastizität geht verloren.

Nach dem Durchkühlen wird die doppelte Tour zweimal wiederholt.

Vor dem Weiterverarbeiten muß der Teig 30 Min. kühl lagern.

Man kann ihn aber auch 1-2 Tage verpackt kühl ruhen lassen und dann zu Gebäck verarbeiten.

Der schnelle Blätterteig

Hierbei werden alle Zutaten zu einem Teig verknetet - auch die Butter! Nur kalte Zutaten verwenden!

250 g Mehl, 250 g Butter, 1 Pr. Salz
1 El Essig, 1/8 l Wasser!

Aus dem Teig eine Kugel rollen, kreuzweise einschneiden, zudecken, kühlstellen. Danach wird die gleiche Tourengebung wie beim echten

Blätterteig vorgenommen. Da die Butter zum Grundteig gegeben wurde, entfällt das Einschlagen.

Quarkblätterteig

250 g Mehl
250 g Quark
250 g Butter
½ Tütchen Backpulver.

Mehl und Backpulver auf ein Backbrett sieben, in die Mitte eine Vertiefung drücken. Quark und die in Stückchen geschnittene Butter in die Mulde geben, mit etwas Mehl bedecken, mit Teigkarten hacken und alles mit kalten Händen zu einem glatten Teig verarbeiten. Den fertigen Teig in eine Folie schlagen und auskühlen lassen.
Danach, wie beim echten Blätterteig, dreimal die „doppelte Tour" vornehmen und zu Gebäckstücken formen.

Der Teig kann auch schon am Vortag hergestellt werden. Man schlägt ihn über Nacht locker in Folie ein und läßt ihn im Kühlschrank ruhen.
Am folgenden Tag ausrollen und formen.

Sahne-Blätterteig

Auch unter dem Namen „Saurer-Sahne-Kringel-Teig" bekannt.

250 g Mehl
½ Tl Backpulver
175 g Butter
5 El gekühlte saure Sahne, Salz.

Die Zutaten in eine Schüssel geben. Kurz mit den Knethaken des Handrührgerätes mischen, und die Zutaten mit den Händen zu einem glatten Teig verarbeiten. Daraus eine Teigkugel formen, in Folie einschlagen, 1 Stunde kühl stellen. Danach kann der Teig geformt und gebacken werden.

Blätterteiggebäck wird bei starker Hitze abgebacken.
Den Ofen auf 220 – 230° vorheizen.
Backzeit des Kleingebäcks ca. 15-20 Minuten.

Beliebte Formen für Blätterteigkleingebäck

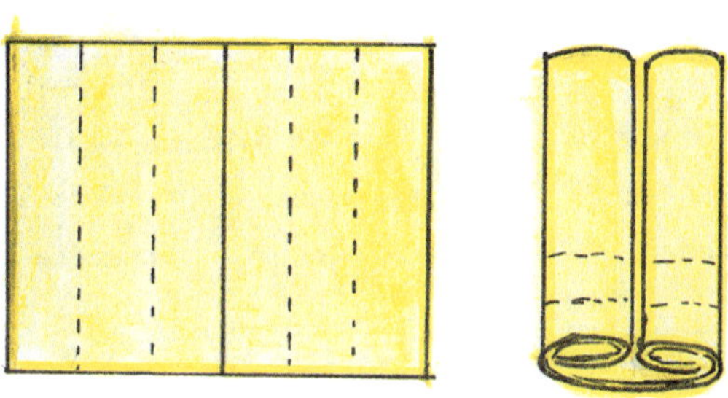

Schweinsöhrchen

Eine Teigplatte von ca. 54 cm Breite ausrollen, (die Länge richtet sich nach der vorhandenen Teigmenge). Teigplatte mit Zucker bestreuen, von den Außenseiten zur Mitte 2 × locker einschlagen, 1,5 cm dicke Scheiben abschneiden.

Krawatten

Teigflächen zuckern
5 Streifen von 11 cm Breite schneiden, aufeinanderlegen, mit dem Stiel eines Holzlöffels in der Mitte der Länge nach etwas eindrücken, 1,5 cm Breite Scheiben schneiden, in der Mitte umdrehen.

Hefeblätterteig oder Plunderteig

500g Mehl, 30g Hefe
1/4 l lauwarme Milch
50g Butter, 1 Ei
80g Zucker und
1/2 Tl Salz.

Zum Einschlagen:
200g Butter und 50g Mehl

Aus den Zutaten nach dem Grundrezept für Hefeteig (Seite 360/61) einen Hefeteig bereiten und diesen kühl aufgehen lassen. Siehe auch 365!
Die Butter mit 50g Mehl verkneten. Zwischen 2 Pergamentpapiere oder Backtrennpapier legen und zu einem Rechteck ausrollen.
Bei der weiteren Verarbeitung muß der Hefeteig kühl sein, sonst schmilzt die Butter. Den Hefeteig zu einer Platte von ca. 20 x 35 cm ausrollen. Die Butterplatte darauflegen, sie soll etwa 3/4 der Teigplattengröße entsprechen.
Siehe Zeichnung und Ausführungen Seite 380 bis Seite 382.
Doppelte Tourengebung wie beim echten Blätterteig vornehmen. Den Plunderteig zu einer Platte von 40 x 25 cm ausrollen und Teilchen daraus formen. Siehe auch Formen für „Hefeteigkleingebäck." (Seite 39-45)

Backtips von A bis Z

Abkühlen

Kuchen fallen nicht so schnell und lassen sich leichter aus der Form bringen, wenn man sie nach dem Backen erst einige Minuten im offenen Backofen in der Form „schwitzen" läßt. Erst danach auf ein Kuchengitter stürzen und abkühlen lassen.
Klebt der Kuchen trotzdem fest, legt man ein feuchtes Tuch um die warme Form. Hierdurch bildet sich Kondenswasser, und der Kuchen löst sich. Läßt man den Kuchen in der Form erkalten, bleibt er kleben.

Äpfel

Der feinste Apfel zum Backen ist Cox Orange.

Auch „Boskop" ist ein sehr aromatischer Apfel. Wünscht man einen säuerlichen Apfel, so wählt man „Elstar". Als saftig und aromatisch gelten „Golden Delicious" und „Jonagold".

Aprikotieren

Durch das Überziehen von Backwaren mit Aprikosenkonfitüre kann das Durchweichen bei Obsttorten verhindert werden.
Aprikotiert man z. B. Blätterteig und Kleingebäck für eine Zuckerglasur-Unterlage, so erhält man ein farbenfroheres Bild.
Zum Aprikotieren bringt man die Konfitüre mit 1-2 EL Wasser zum Kochen, damit sie sich mit einem Pinsel verstreichen läßt.

Aufbacken

Gefrorenes Gebäck nach Möglichkeit vor dem Aufbacken auftauen lassen.
Die aufzubackenen Brötchen oder Backwaren immer in den bei 225 °C vorgeheizten Backofen geben. Dadurch können weitgehend die Eigenschaften eines frischen Erzeugnisses erzielt werden. Zu langes Aufbacken führt zum Austrocknen. Bei Umluftherden sind die Backwaren am besten in Alufolie einzuschlagen, um ihr Austrocknen zu verhindern.
Ist das Gebäck bereits etwas angetrocknet, so stellt man beim Aufbacken 1 Tasse kochendes Wasser in den Backofen.
Aufbacken läßt sich nur 1X mit Erfolg durchführen.

Ausrollen

Teige kleben nicht, wenn sie auf Mehl oder zwischen zwei Schichten Backpapier ausgerollt werden. Wenn das untere Papier gefettet wird, kann der Teig mit dem Papier auf das Backblech gelegt werden.
Mit einem kleinen Rollholz läßt sich der Teig auch auf dem Blech ausrollen.

Backerfolg

Das Rezept wurde genauestens eingehalten, trotzdem blieb der Backerfolg aus.
Mögliche Fehlerquellen:

- Die Backzutaten besaßen nicht die gleiche Temperatur, der Backofen wies nicht die richtige Temperatur auf.
- Die Eier entsprachen nicht der Normgröße von 50-60g. Größere Eier machen den Teig zu flüssig. Dieser Mangel kann durch etwas Mehl ausgeglichen werden.
- Die Bindefähigkeit des Mehles ist nicht immer gleich. Ist der Teig zu fest, gibt man etwas Milch oder Ei hinzu.

Backpulver

Nie so in den Teig schütten. Backpulver grundsätzlich mit Mehl mischen, und das Gemisch über den Teig sieben.
Je dünnflüssiger ein Teig ist, desto schneller setzt der Trieb ein. Solche Teige müssen schnell abgebacken werden. Schwere Rühr- und Mürbeteige kann man dagegen bedenkenlos stehen lassen.

Backzutaten

Sie sind übersichtlich geordnet, wenn man die Päckchen in Besteckkästen stellt. Man sieht auf dem ersten Blick, wenn etwas zur Neige geht oder fehlt.

Baiser (Meringue)

Wenn bei der Herstellung Puderzucker und Zitronensaft verwendet wird, wird der Backerfolg erhöht.
Hohlformen gelingen gut, wenn die Masse auf halbierten, gefetteten und mit Mehl bestäubten Eierschalen gespritzt wird. Erst nach dem Erkalten auslösen.

Baiser kleben nicht fest,

wenn die Masse auf ein mit Mehl bestäubtes Blech gespritzt wird.

Biskuitrollen

Sie brechen beim Aufrollen nicht, wenn zum Teig Marzipan gegeben wird. Für die Verarbeitung von 1 Ei sind etwa 10 g Marzipan erforderlich. Siehe Rezept Seite 108.

Biskuitteig

ist empfindlich. Vermeiden Sie es deshalb, den Rührbesen am Schüsselrand abzuklopfen, sonst fällt die Teigmasse leicht zusammen.
Läßt man den Biskuitteig länger stehen, wird er grobporig.

Blockschokolade

Wenn Sie feine Schokoladenraspeln herstellen

wollen, dann legen Sie die Schokolade kurz in das Gefrierfach. Mit der Allzweck-oder Kartoffelreibe läßt sich dann die Schokolade fein hobeln.

Brandteig

Gebäck aus Brandteig schmeckt nur frisch zubereitet. Für große Festtage backen Sie besser etwas anderes.

Butter

- läßt sich besonders gut schaumig schlagen, wenn man die Rührschüssel kurz mit heißem Wasser ausspült und die Butter mit etwas Mehl bestäubt.
- Kleingebäck bekommt einen feineren Geschmack, wenn man die Butter vor der Verarbeitung leicht bräunt. Der Teig wird mürbe, reißt aber schneller. Butter verbessert den Geschmack.

Durchweichen der Kuchen vermeiden

a) bei rohen Teigen:
Damit beim gedeckten Apfelkuchen oder beim Käsekuchen nichts durchweicht, streut man, bevor das Obst aufgelegt wird, Vanillepuddingpulver oder reichlich Zwiebackbrösel auf den Teig.

b) Bei bereits gebackenen Obstböden kann ein Belag verhindern, daß die später aufgelegte Fruchtmasse ein Durchweichen verursacht.
Geeignete Beläge:

1. Oblaten
2. Marzipan
3. Kuvertüre
4. Konfitüre
5. geriebenen Zwieback
6. Sahnesteif.

- Sollen Beerenfrüchte mitgebacken werden, so wälzt man sie vorher in eine Mischung aus Zucker und Mehl und gibt sie dann auf den Teig.
- Pflaumenkuchen zuckert man erst nach dem Backen. Sie ziehen sonst zu viel Saft.

Eier einsparen

Haben Sie zu wenig Eier im Haus, so kann 1 Teelöffel Essig 1 Ei im Kuchen ersetzen, vorausgesetzt, Sie verwenden Backpulver oder Hefe.

Einfetten

Am besten eignet sich zum Einfetten Butter. Ihr feiner Geschmack überträgt sich auf den Kuchen. Nur den Formenboden einfetten!
Wenn Bleche und Formen nach dem Einfetten mit Mehl bestäubt oder mit Paniermehl ausgestreut werden, kann das Backwerk nicht mehr ankleben.
Statt des Einfettens kann Backtrennpapier verwendet werden.

Farinzucker

ist ein gelber bis dunkelbrauner Kristallzucker, der besonders in der Weihnachtsbäckerei verwendet wird. Der Melassegehalt verleiht dem Zukker einen besonders aromatischen Geschmack.

Fettersatz

Durch die Zugabe von Quark wird der Teig leichter und gehaltvoller an Eiweiß, ohne an Geschmack zu verlieren. Die halbe Fettmenge kann durch Quark ersetzt werden.

Gebäck

bleibt länger frisch, wenn Sie es zusammen mit einer Scheibe Brot in einer luftdichten Blechdose aufbewahren. Sobald das Brot hart ist, muß es ausgetauscht werden.

Johannisbeergelee

gibt vielen Kuchen eine besondere Note.
Ideal ist das Gelee zum Bestreichen von Tortenböden als Unterlage für eine Sahne- oder Cremefüllung.

Käsekuchen - gebackene

So gelingen sie perfekt:

- Der Quark muß trocken sein. Käse in einem Tuch portionsweise auspressen. Dabei verringert sich das Gewicht etwa um 1/3. Daran ist beim Einkauf zu denken.
  Grundsätzlich gilt: Je trockener der Käse, desto besser das Ergebnis.
- Käsekuchen sinken nach dem Backen oft zusammen. Durch Speisestärke, Puddingpulver, Brandteigmasse und steifgeschlagenes Eiklar kann die Käsemasse gestützt werden.
- Die Käsemasse wird lockerer, wenn sie mit Rum, Weinbrand oder einem anderen Alkohol abgeschmeckt wird. Alkohol wird bei 78°C im Teig gasförmig und lockert, besitzt danach keine alkoholische Wirkung mehr.
- Bevor die Käsemasse auf den Teigboden gefüllt wird, wird dieser mit Zwiebackbrösel bestreut, um ein Durchweichen zu vermeiden.
- Die Masse stets so einfüllen, daß sie sich zur Mitte hin etwas hügelartig erhebt.

- Den Ofen während der ersten 20 Minuten der Backzeit niemals öffnen. Der Kuchen fällt schneller zusammen.
- Ist der Kuchen leicht gebräunt, nimmt man ihn aus dem Ofen, läßt ihn 5 Min. ruhen, bestreicht die Oberfläche mit ein wenig lauwarmer Zuckermilch, damit der Kuchen eine goldgelbe Farbe bekommt und backt ihn dann in ca. 10 Min. fertig ab.

- <u>Klitschstreifen in Kuchen</u>
Bei Rührteigen mit Milchzugaben müssen zuerst Butter und Zucker schaumig gerührt werden, dann gibt man nacheinander Speisestärke, dann Eier - Mehl, danach Milch und Mehl im Wechsel zum Teig.
- <u>Kuchenformen</u>
In Schwarzblechformen backen die Kuchen besser u. gleimäßiger als in Weißblechformen. Feuerfeste Glasformen verlängern die Backzeit.
- <u>Kuchenteige</u>
kleben nicht am Rollholz, wenn man dieses kurze Zeit ins Gefrierfach legt.
- <u>Kuchenteige</u>, die vor dem Backen eine Obst- oder Cremeauflage erhalten, weichen nicht durch, wenn der Teig vorher mit Sahnesteif, Zwiebackbröseln, gemahlenen Nüssen oder Mandeln bestreut wird.
- <u>Kuchenteige</u> kleben nicht an den Händen, wenn man sie mit etwas Speiseöl einreibt.
- <u>Kuchenteige</u>, die zum Rollen zu weich sind, drückt man mit dem Handballen flach, verteilt dann den Teig mit einem in heißes Wasser getauchten Löffel gleichmäßig über den ganzen Boden der Kuchenform.

- <u>Löffelbiskuit und Zwiebäcke</u>, die zu Brösel zerkleinert werden sollen, lassen sich sehr gut in einer geschlossenen Tüte mit einem Rollholz zerrollen.
- <u>Mandeln abziehen</u>
  Mandelkerne für 30 Min. in kalte Milch legen, danach die Haut abziehen. Anders als beim Überbrühen, bleiben so Geschmack und Aussehen erhalten.
- <u>Mandeln hacken</u>
  Sie fliegen beim Hacken nicht so leicht umher, wenn man sie erst mit Zucker bestreut und dann hackt.
- <u>Mandeln schmecken besser</u> und aromatischer wenn sie leicht in Butter gebräunt werden.
- <u>Nußkerne</u>
  lassen sich von ihrer Haut befreien, wenn man sie in warme Milch legt.
- <u>Nüsse,</u>
  die als Backzutat eingesetzt werden, erhalten einen feineren Geschmack, wenn sie in etwas Butter gebräunt werden.
- <u>Quark-Ölteig</u>
  wird besonders locker, wenn man etwas kalte Butter hineinreibt.
- <u>Rosinen,</u>
  damit sie nicht auf den Boden sinken, müssen sie nach dem Waschen gut abgetrocknet und mit Mehl bestäubt werden.
- <u>Sahne (Rahm, Schmand, Obers)</u>
  Damit sie steif wird:
- Vor dem Schlagen müssen Sahne und Gefäß gut gekühlt sein.

- Zum Schlagen hohe Gefäße einsetzen und nicht zu viel Sahne auf einmal schlagen, höchstens 1½ Becher.
- Die Sahne erst aufschlagen, dann erst Zucker, Puderzucker u. evtl. ein Sahnestandmittel zugeben.
- Setzt man für die Standfestigkeit der Sahne Gelatine ein, so rechnet man 1-2 Blatt auf ¼ l. Die aufgelöste Gelatine etwas abkühlen lassen, mit etwas Schlagsahne verrühren, dann unter die Schlagsahne schlagen.

Wenn Sahne nicht steif werden will,
mischt man 1 frisches Eiklar unter die Sahne. 1 Eiklar auf ½ l Sahne. Die Hinzugabe führt zu keiner geschmacklichen Veränderung.

Sahneersatz

Einen leichten Schlagschaum erhalten Sie, wenn Sie 3 Eiklar mit 2 EL Zucker im warmen Wasserbad langsam schneller werdend dick-cremig steif schlagen. Im Kühlschrank erkalten lassen. 200 ml Sahne mit 1 TL Vanillez. steif schlagen u. unter den Eischnee rühren.

Streusel

Sollen Streusel locker und mürbe sein, wird zuerst die Butter schaumig gerührt, die restlichen Zutaten untergemengt und zwischen bemehlten Händen verkrümelt.
Sollen die Streusel fest und kroß sein, wird die Butter leicht gebräunt über die restlichen Zutaten gegossen. Streuseln lassen sich besonders gut zerkrümeln, wenn sie zuvor 30 Minuten im Kühlschrank waren.

Strudelteig

reißt nicht so schnell, wenn man dem Mehl etwas neutrales Speiseöl (2 El auf 500g Mehl) zusetzt. Dadurch wird der Teig elastischer und reißt beim Ausziehen nicht so schnell.

Tortenböden gehen gleichmäßig auf,

wenn man nur den Boden und nicht die Ränder einfettet. Der gefettete Rand nimmt höhere Temperaturen als der ungefettete Rand an. Infolgedessen werden die Ränder zu schnell gar und verhindern ein gleichmäßiges Aufgehen. Die Mitte wölbt sich.

Tortenböden in Scheiben schneiden

Am einfachsten ist die Zwirnfaden-Methode. Mit einem scharfen Messer ritzen Sie den Tortenboden rundherum leicht ein, legen dann den Zwirnfaden um die eingeritzte Stelle, nehmen ihn kreuzweise in beide Hände und ziehen kräftig zu. So schneidet der Faden sauber durch den Boden.

Böden lassen sich am besten verarbeiten, wenn sie ein bis zwei Tage alt sind.

Torten füllen

Wenn die Torten so gefüllt werden, daß im unteren Bereich schwere Fruchtfüllungen plaziert und nach oben hin Sahne- und leichte Fruchtfüllungen angeordnet werden, so wird das Schneiden dadurch erleichtert.

Torten schneiden

Leichte Sahne- und Buttercreme Torten lassen sich problemlos schneiden, wenn das Messer nach jedem Schnitt ins heiße Wasser getaucht wird.

Torten mit einem Bezug aus Kuvertüre

oder Zuckerguß nur bei Zimmertemperatur schneiden. Bei Kühlschranktemperatur ist die Schokolade zu hart und bricht.

Tortenguß färben

Einzusetzen sind neben Lebensmittelfarben Kakao, Safran, mit wenig kochendem Wasser aufgelöster Pulverkaffee oder Fruchtsirup. Die verschiedenen Fruchtsirupsorten lassen die Farbe der Früchte noch intensiver erscheinen.

Tortenguß, glänzender

Geben Sie zu dem fertigen Zucker- oder Schokoladenguß 1 El flüssiges Kokosfett. Der Guß wird flüssiger, man kann ihn über die Torte fließen lassen, anstatt ihn zu verstreichen. Der Guß wird glänzender und gleichmäßiger.

Tortenplatten bleiben sauber

Die Tortenspitze wird mit 2 Blatt Pergamentpapier abgedeckt, die in der Mitte aneinanderstoßen. Nach dem Spritzen der Torte zieht man gleichzeitig die Pergamentpapiere von den beiden offenen Kanten aus unter der Torte weg.

Torten verzieren, einfache Art

Legen Sie auf die Kuchenoberfläche ein Muster aus Würfelzucker, oder verteilen Sie ihn gleichmäßig über die Kuchenoberfläche, dann überstäuben Sie das Ganze mit Puder-zucker oder Kakao und entfernen danach die Zuckerstücke wieder.

Walnüsse

Gehackte Walnüsse schmecken besser als gemahlene.

Zitronen

Vor dem Auspressen werden Zitronen gerollt und in heißes Wasser gelegt. Dann geben sie mehr Saft. Wird abgeriebene Schale als Aroma gebraucht, wird die Schale vorher gründlich abgewaschen und abgetrocknet.

Zuckerguß

Besonders schön glänzend wird Zuckerguß, wenn er auf kalten Kuchen aufgetragen und mit Zitronensaft angerührt wird.
Soll die Glasur matt sein, trägt man sie auf den heißen Kuchen auf.

Zusammenstellen der Kuchenmenge

Um die erforderliche Kuchenmenge gut kalkulieren zu können, müssen Sie überlegen, wieviel Stück Kuchen Ihre Gäste etwa verzehren werden und wieviel Stücke Sie aus einem Kuchen schneiden.

- Bei einer runden Torte mittlerer Größe sind es 12 - 16 Stücke,
- bei einem Kranzkuchen 16 - 20 Stücke,
- bei einem Blechkuchen 24 - 30 Stücke.

Besonders klein werden die Stücke geschnitten, wenn mehrere Kuchen serviert werden. Dann können sich die Gäste besser „durchprobieren."

Register

Alphabetisches Rezeptverzeichnis

A

B

Alphabetisches Rezeptverzeichnis

B

C

Alphabetisches Rezeptverzeichnis

Alphabetisches Rezeptverzeichnis

Alphabetisches Rezeptverzeichnis

Alphabetisches Rezeptverzeichnis

Alphabetisches Rezeptverzeichnis

Alphabetisches Rezeptverzeichnis

Thematisches Inhaltsverzeichnis

Im Überblick

Thematisches Inhaltsverzeichnis

Thematisches Inhaltsverzeichnis

Thematisches Inhaltsverzeichnis

Thematisches Inhaltsverzeichnis

Notizen

Notizen